基础素养读本

主编 林声超

北京理工大学出版社
BEIJING INSTITUTE OF TECHNOLOGY PRESS

版权专有　侵权必究

图书在版编目（CIP）数据

基础素养读本/林声超主编. —北京：北京理工大学出版社，2021.1重印

ISBN 978-7-5640-9144-6

Ⅰ.①基… Ⅱ.①林… Ⅲ.①德育-技工学校-教材 Ⅳ.①G711

中国版本图书馆CIP数据核字（2014）第087202号

出版发行 / 北京理工大学出版社有限责任公司
社　　址 / 北京市海淀区中关村南大街5号
邮　　编 / 100081
电　　话 / (010) 68914775（总编室）
　　　　　 (010) 82562903（教材售后服务热线）
　　　　　 (010) 68948351（其他图书服务热线）
网　　址 / http://www.bitpress.com.cn
经　　销 / 全国各地新华书店
印　　刷 / 定州市新华印刷有限公司
开　　本 / 787毫米×1092毫米　1/16
印　　张 / 10.75
字　　数 / 250千字
版　　次 / 2021年1月第1版第6次印刷
定　　价 / 29.00元

责任编辑 / 王俊洁
文案编辑 / 王俊洁
责任校对 / 周瑞红
责任印制 / 边心超

图书出现印装质量问题，请拨打售后服务热线，本社负责调换

中等职业教育改革发展示范学校建设成果编委会

主　任：桂　昕

副主任：杨胜兴　吕志勇　王运平　李会诚

委　员：王清杰　张　蓉　施忠健　张　峭
　　　　高宇斌　黄良勇　莫亚平　范海青

本书编写组

主　编：林声超

参　编：张　蓉　吴　焕　符式旺　陈　延
　　　　林　娟　高　云　梁　婷　陈海华
　　　　林玉晶　邱宝珠　李晓红　靳秀芬

主　审：范海青　陈衍禹

前言 Foreword

  同学们,当我们选择了海南省高级技工学校,并以之作为个人走向社会的成长加油站的时候,我们首先应当树立起这样的一个观念:职业教育不单纯地等于技能教育。因为这种单一技能的培养目标定位很难适应现实的要求,这样培养出来的学生缺乏继续深造的基础,而且工作适应性差,对未来工作的变化缺乏必要的准备。从社会现实及未来社会对技术工人的需求来看,学生的就业竞争力更为突出地体现在综合职业素养、创新精神及实践能力上。技工学校培养的学生不仅应具备一定的岗位技能,而且要具备良好的思想道德品质和综合素质。因此,我们在学校开始新的生活的时候,不仅将接受提高相关专业技能的服务,而且将接受我校德育老师提供的套餐服务——海南省高级技工学校《基础素养读本》。

  这册读本有以下几个特征:

  1. 德育目标,一以贯之,德育内容,循序渐进。

  学生文明的行为习惯、健康的心理素质、良好的道德品质、科学的学习目标和态度、基本的法律知识和法律意识、坚定正确的政治方向,是由德育教育的外化及学生自身教育的内化逐步形成的。读本既考虑了德育目标的一贯性和完整性,又注意到了德育内容的渐进性和层次性。

  2. 贯通古今,融汇中西,继承借鉴,发展创新。

  读本力求做到继承和弘扬我国优良的德育传统,同时吸收和利用西方有益的文明成果,结合时代特点发展创新。

  3. 贴近生活,联系实际,启发引导,主体参与。

  读本尽可能贴近学生的生活,贴近实际,距离学生近一点,提出问题小一点,回答问题实一点。避免德育教育的"高、大、全、空",做到"近、小、点、实",

并努力在启发引导上下功夫，调动学生主体参与的积极性，把学生既作为德育的客体，又视为德育的主体。读本设计的活动或主题，大多是需要学生作为主体参与其中的，要他们自己动手动脑去做、去探索、去得到结论。学习过程是学生用参与"调查""实验""探索""讨论""服务""辨别""创造""表现"等多种方式去感受、体验、领悟与表达的过程。

4. 授之以知，动之以情，晓之以理，导之以行。

读本的总体编写以及每一课的内容都或从动之以情开始，或从导之以行入手。重视生活情感的陶冶，重视实际生活中现实性、情境性、形象性的情感教育。强调启发道德自觉，避免生硬说教，主张结合具体生活实例，春风化雨，润物无声，培养学生积极、健康的生活态度。

5. 图文并茂，生动活泼，精练优美，喜闻乐读。

读本形式生动活泼，从封面到版式、字型、字号都进行了精心设计，彩色印刷，且图文并茂，适应时代潮流与趋势，符合学生的审美标准。

读本将把我们带进一个崭新的世界，在这个崭新的世界里，我们可以吸收到成长所需要的营养。在礼仪修养篇中，我们可以了解到校园礼仪、职场礼仪，学会感恩、学会自律；在道德法律篇中，我们会通过法律基础知识和生活典型例子的学习树立起法律观念；在学习篇中，我们将了解学习新概念，培养学习的兴趣；在心理健康篇中，我们将了解心理健康的基础知识、青春期的心理特征、成长的烦恼和心理的调适方法；在经济政治篇中，我们会被引导到国内和国际社会，胸怀祖国，放眼世界，懂得维护国家利益。

读本内容和我们的生活紧密相连，有着现实的指导性和针对性。同学们在学习中要注意联系自己的实际，学以致用，把书上的观点和要求自觉地运用到自己的人生实践之中，真正做到学会求知、学会做人和学会生存，为自己的人生发展打下坚实的基础。

目录 Contents

模块一 礼仪修养篇 1
    专题一　校园礼仪 3
    专题二　交往礼仪 15

模块二 道德法律篇 23
    专题三　预防一般违法行为，从小事做起 25
    专题四　预防犯罪行为，从我做起 35
    专题五　增强自律能力 44

模块三 学习篇 55
    专题六　我的专业我喜欢 57
    专题七　学习新概念 71

模块四 心理健康篇 81
    专题八　心理发展你我他 83
    专题九　心理调适 ABC 97
    专题十　追求自信自强 115
    专题十一　学会感恩 128

模块五 经济政治篇 137
    专题十二　商品的交换和消费 139
    专题十三　改革开放是强国之路 147
    专题十四　关注国际社会，维护国家利益 156

参考文献 163

模块一　礼仪修养篇

　　礼仪，是在社会交往活动中每个人都应该共同遵守的一种行为规范。
　　学礼、懂礼、守礼、行礼，是提升交际能力，帮助我们建立良好的、协调的人际关系的重要途径。一个人若要获得事业的成功、生活的幸福，必须处理好人际关系。在社会活动中，交谈讲究礼仪可以变得文明；举止讲究礼仪可以变得高雅；穿着讲究礼仪可以变得大方；行为讲究礼仪可以变得美好……只要讲究礼仪，事情都会做得恰到好处，一个人讲究礼仪，就可以变得充满魅力！
　　相信每个同学都希望自己成为一个充满魅力的人，成为一个受社会欢迎的人，那么，让我们从现在开始，来了解、学习和用好礼仪吧！

专题一
校园礼仪

学习目标 XUEXI MUBIAO

1. **知识目标**
   - 掌握在校园各种场合应具备的基本礼仪规范。
2. **能力目标**
   - 提高礼仪素养，养成文明礼仪习惯。
3. **价值目标**
   - 在思想上严格要求自己，把所学的礼仪知识落到实处。

学习重点 XUEXI ZHONGDIAN

- 自觉遵守校园礼仪的基本要求。

学习难点 XUEXI NANDIAN

- 校园礼仪的实际运用。

新课导入

> **不学礼，无以立**
> ——《论语》
>
> 有一天孔子站在庭院里，他的儿子孔鲤"趋而过庭"，什么叫"趋"呢，"趋"就是小步快走，是表示恭敬的动作，在上级面前、在长辈面前你走路要"趋"，低着头，很快地走过去，这叫"趋"。孔鲤看见父亲孔子站在庭院里面，于是"趋"，孔子说："站住，学诗了吗？""没有。""不学诗何以言（不学诗你怎么会说话）？"

"是。""退而学诗。"又一天,孔子又站在庭院里,孔鲤又"趋而过庭",孔子说:"站住,学礼了吗?""还没有。""不学礼何以立(不学礼你怎么做人)?""是。""退而学礼。"

礼仪是中华民族的传统美德,从古至今,源远流长。做什么事情,要先学会做人!《论语》中说:"不学礼,无以立"。就是说,不学会礼仪礼貌,就难以有立身之处,以礼待人,才能以理服人!

【想一想】 作为一名职业学校的学生应具备哪些礼仪修养呢?

一、校园礼仪的定义

校园礼仪是学生言行举止的基本规范。它要求学生遵纪守法、努力上进、尊师敬长、团结同学、仪表得体、讲究卫生。具体而言,在校园生活中,提倡每一名学生都必须严格遵守《学生守则》。《学生守则》是学生的基本行为规范,也是校园礼仪的具体表现。作为学生,我们要学会尊重老师、尊重知识,同时尊重学校的行政人员、工友、保安人员、食堂师傅等;遵守学校的各种规章制度和社会公德,遵守文明礼仪规范;维护教师、员工以及自己的尊严。学习校园礼仪,可促使学生学会做人,学会处事,学会谦让,学会尊重,学会与别人合作,从而成长为一名符合社会需要的讲道德、讲文明、讲礼仪的现代文明人。

二、仪容仪表

仪容主要是指人的容貌。仪表即人的外表,它包括容貌、姿态、服饰、风度、个人卫生等。个人的仪容仪表不但可以体现个人的文化修养,也可以反映个人的审美趣味。穿着得体,不仅能赢得他人的信赖,给人留下良好的印象,而且能够提高与他人交往的能力。相反,穿着不当,举止不雅,往往会降低自己的身份,损坏自己的形象。仪容仪表同样也是学生精神面貌的外在表现,它能展示学生的形象,反映学生的道德修养、文化水平、审美情趣、文明程度。良好的仪容仪表是尊重他人、讲究礼貌、互相理解的具体表现。学生仪容仪表要符合学生的身份和特点,在追求美上要讲究科学,切勿盲目赶时髦、图虚荣、不加分析地模仿,要养成良好的生活习惯。穿戴整洁、朴素、大方,符合学生的身份。

(一)学生穿戴须知

(1)进入校园要穿校服、校鞋,不私自更改校服,不得在校服上乱涂乱画,不得敞怀穿衣,不得穿拖鞋。

（2）不得在衣服上镶佩金属佩饰及其他饰物。

（3）不得将衣物绑系于腰间，里面衣服领口不得低于第二颗纽扣。不得穿着印有不文明图案、文字的服装，不得文身。

（4）非礼仪和演出需要不得佩戴耳环、耳钉、戒指、手链、项链、护身符等饰物；不化妆、不涂眼影、不涂抹口红、不留长指甲、不涂指甲油。

（5）升旗仪式时不戴帽子，无特殊情况不戴墨镜。

（二）学生发型

学生发型"五不"——不长、不烫、不染、不喷（摩丝）、不留怪异头发。

（1）男同学不准留长发，不得剃光头，要求：前不扫眉，旁不遮耳，后不过颈。

（2）女同学要求理运动短发或扎马尾辫。前额刘海不过眉，不得披头散发。

（三）容止格言

面必净，发必理，衣必整，纽必扣；
头容正，肩容平，胸容宽，背容直。
气象：勿傲、勿暴、勿怠；
颜色：宜和、宜静、宜庄。

三、仪态礼仪规范

（一）站姿

"站有站相，坐有坐相"是对一个人行为举止最基本的要求。正确的站姿是站得端正、稳重、自然、亲切。做到上身正直，头正目平，面带微笑，微收下颌，肩平挺胸，直腰收腹，两臂自然垂，两腿相靠直立，两脚靠拢，脚尖呈"V"字形。女子两脚可并拢。站立时，如有全身不够端正、双脚叉开过大、双脚随意乱动、无精打采、自由散漫的姿势，都会被看作不雅或失礼。

（二）坐姿

【议一议】 比较下面图中这两位女士的仪态，你又是怎样坐的呢？

坐姿包括就座的姿势和坐定的姿势。入座时要轻而缓，走到座位面前转身，轻稳地坐下，不应发出嘈杂的声音。女士应用手把裙子向前拢一下。坐下后，上身保持挺直，头部端正，目光平视前方或交谈的面试官。坐稳后，身子一般只占座位的2/3。两手掌心向下，叠放在两腿之上，两腿自然弯曲，小腿与地面基本垂直，两脚平落地面，

两膝间的距离,男子以松开一拳或两拳为宜,女子两膝两脚并拢为好。无论哪一种坐姿,都要自然放松,面带微笑。面试过程中,不可仰头靠在座位背上或低着头注视地面;身体不可前俯后仰,或歪向一侧;双手不应有多余的动作。双腿不宜敞开过大,也不要把小腿搁在大腿上,更不要把两腿直伸开去,或反复不断地抖动。这些都是缺乏教养和傲慢的表现。

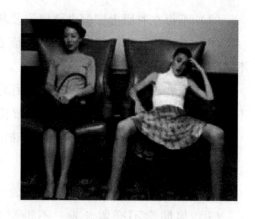

(三)走姿

标准走姿:身直、步位直、步幅适度、步态平稳、手动自然。

(四)蹲姿

1. 蹲的风度

"蹲要雅"。

2. 蹲的要领

(1)直腰下蹲。

(2)弯腰拾物。

(3)直腰起身。

3. 蹲的要求

在取低处物品或拾起地上的东西时,不能撅臀部、弯上身、低垂头,而应采用得体的蹲姿。

四、课堂礼仪

(一)上课

上课的铃声一响,学生应端坐在教室里,恭候老师上课,当教师宣布上课时,全班应迅速肃立,向老师问好,待老师答礼后,方可坐下。学生应当准时到校上课,若上课迟到,应喊"报告",经教师同意后方可进教室,走进教室后,应迅速坐好,保持安静。

(二)听讲

上课时坐姿要端正。课堂上,认真听老师讲解,注意力集中,独立思考,重要的内容应做好笔记。当老师提问时,应该先举手,待老师点到名字时可起来回答;发言时,身体要立正,态度要落落大方,声音要清晰响亮,并且使用普通话。

（三）下课

下课时，全体同学需起立，与老师互道"再见"。待老师离开教室后，学生方可离开。有领导或教师听课时，要让师长先走，全体学生起立迎送。

> **活动天地**
> - 整理课桌，调整好桌椅距离。
> - 集体起立。注意避免发出大的声响。
> - 练习上课时和老师互相问好。
> - 练习下课时与老师互相告别。
> - 练习鞠躬礼。
> - 集体落座。注意避免发出大的声响。

五、集会礼仪

（1）参加集会，要准时、有序。要按指定地方整齐就座，不早退，不随便进出，会议结束后要有序退场。

（2）会议期间，手机等通信工具要置于无声状态。要认真倾听，不得看书、谈话、吃东西、扔杂物、打瞌睡，讲话或报告结束后要鼓掌，以示感谢。

（3）每周一升国旗仪式，统一着装，准时参加，列队整齐，面向国旗，肃立致敬。升国旗、奏国歌时，要立正，脱帽，行注目礼，直至升旗完毕。认真聆听国旗下讲话，不得说话、搞笑。升降国旗时，凡经过现场的同学都应面对国旗，自觉肃立，待国旗升降完毕，方可自由活动。

六、尊师礼仪

（1）在校园内或上下楼梯与老师相遇时，要让老师先行，并主动向老师行礼问好。买饭、打水或乘车时对教师应主动礼让。

（2）对师长或来宾要主动问好致意，主动让座、让路，答问时彬彬有礼，不围观嘲笑，不指指点点。家长或亲友来校遇到老师时，应主动在家长和老师间作介绍。

（3）与老师谈话时应立正，在教室座位上与老师谈话时应起立，得到老师允许后，再坐下听讲。领奖或向师长交物品时，应双手接交，表示尊敬。

（4）有事进老师的办公室或宿舍，先喊"报告"或先敲门，经老师允许后方可进入。在老师的工作、生活场所，不能随便翻动老师的物品。

(5) 在校外遇到老师时，应主动和老师打招呼，不得故意回避。

(6) 尊重老师的劳动，听从老师的指挥。对老师的提醒和批评，不得顶撞，如有意见，可在课后与老师沟通。要尊重老师的习惯和人格，对老师的相貌和衣着不应指指点点，评头论足。

曾子避席

"曾子避席"出自《孝经》，是一个非常著名的故事。曾子是孔子的弟子，有一次他在孔子身边侍坐，孔子就问他："以前的圣贤之王有至高无上的德行，精要奥妙的理论，用来教导天下之人，人们就能和睦相处，君王和臣下之间也没有不满，你知道它们是什么吗？"曾子听了，明白老师孔子是要指点他最深刻的道理，于是立刻从坐着的席子上站起来，走到席子外面，恭恭敬敬地回答道："我不够聪明，哪里能知道，还请老师把这些道理教给我。"在这里，"避席"是一种非常有礼貌的行为，当曾子听到老师要向他传授时，他站起身来，走到席子外向老师请教，是为了表示他对老师的尊重。曾子懂礼貌的故事被后人传诵，很多人都向他学习。

七、同学相处礼仪

（一）与同学相处要注意的礼仪

(1) 遇见同学要打招呼，如：可以问好、点头、微笑、招手或喊一声名字等。态度要热情、诚恳。

(2) 尊重他人人格。不讥笑、不辱骂同学，不给同学起外号。

(3) 尊重他人的生活习惯和风俗习惯。

(4) 同学之间，说话态度要诚恳谦虚，语调平和，不可装腔作势。

(5) 交谈中力求语言文雅，注意场合分寸。

(6) 开玩笑，应注意不要触及同学的忌讳。

(7) 听同学说话时态度要认真，不得轻易打断别人的讲话，要插话或提问，应选择适当的时机。若同学说得欠妥或说错了，应在不伤害同学自尊心的情况下，恳切、委婉地指出。

(8) 吵架、骂人、说难听话是一种没有教养的行为及无礼的表现。

(9) 同学之间相互借用东西，须谨记有借有还，临时借用一下别人的物品，应事先打招呼，征得他人同意。

（10）当有同学需要帮助时，应分清是非，弄明情况，如果是对的，应尽力而为；量力而行，助其一臂之力，不可视而不见、置之不理。如果是弄虚作假，或者是违反校纪校规的事，就要有正确的是非观念，不可同流合污。需要别人帮助时，不要强求别人，要学会换位思考，多替他人考虑。尽量不要给别人造成困难，甚至带来麻烦。

（11）同学之间不要随便传话，不应在背地里说别人的闲话。

（12）要有集体意识。在集体生活中要顾全大局，遵守规章制度，不可我行我素。

（二）与异性同学相处要有尺度

俗话说："男女搭配，干活不累。"这句话在学校生活中也有所体现。没有女生参加的劳动，男生干活会松松垮垮，而有了女生的介入，男生就会变得异常有活力；反之，在没有男生的时候，女生们就会叽叽喳喳，失态地大笑，而男生一旦到来，女生们就会变得温柔、娴静。这就是神奇的异性效应。

异性交往是人类生活中不可缺少的组成部分，对男生和女生来说，都是个体成长过程中的必经阶段。同学们萌发的异性吸引是一个正常的自然现象，是我们感情生活中珍贵而美丽的果实。在与异性同学交往时，应摆正心态，让友情自然地延续下去，为我们学生时代留下美好的回忆。与异性同学交往同样要注意礼仪。

（1）异性同学之间，应以礼相待，彼此平等，相互尊重，互相帮助，像兄弟姐妹一样相互照顾。

（2）男同学应彬彬有礼，女同学应文雅大方。在公共场合，男女同学之间的接触要注意礼仪修养。

（3）不能相互起绰号，不能讲粗话、脏话和庸俗的传闻，交往的内容要健康。

（4）不宜凝视对方时间过久，不能打打闹闹，交往中身体的接触要有分寸，交往的时间宜短不宜长。

（5）在体力劳动方面，男同学应主动关心、帮助和照顾女同学。

（6）不论是男同学还是女同学，都要注意建立自己的信誉，说话、办事要讲信用，言必信，行必果。不要弄虚作假，玩弄手腕，耍小聪明，这些小人之举是令人厌恶的。

 探究实践

做个有意思的小测试。想知道你在朋友心目中是个什么样的人吗？想知道你有什么吸引人的特质吗？做做这个心理测验，鉴定一下你是不是受人欢迎的速配好朋友吧！

题目→代表前进的题目号码

1. 你有吃早餐的习惯吗？有→2 没有→3

2. 你曾经养宠物吗？有→7 没有→3

3. 你有过打工的经验吗？有→7 没有→4
4. 你的运动细胞很好？很好→8 不好→5
5. 你现在正在减肥？是→9 否→6
6. 你认为去看电影的时候，一定要吃喝东西才过瘾？是→9 否→10
7. 你觉得地球上不曾出现过外星人？是→11 否→8
8. 你有很多异性朋友？是→12 否→9
9. 你很少看漫画？是→13 否→10
10. 你到KTV就会唱个不停，很难罢手？是→13 否→14
11. 你喜欢吃三明治？是→14 否→12
12. 你很会自创不同的料理？是→15 否→13
13. 你很会画插图？是→16 否→14
14. 你喜欢格子的图案？是→16 否→18
15. 你很想到国外去读书、工作？是→19 否→16
16. 你曾经参加过某个明星的影迷俱乐部或流连于明星的网站？有→20 没有→17
17. 你常被感动而哭泣？是→21 否→18
18. 你曾经处在脚踏两条船的感情状态？是→21 否→22
19. 你觉得生活中没有手机会非常不方便，也很困扰？是→23 否→20
20. 你很注意理财和财经信息？是→24 否→21
21. 你喜欢看恐怖片？是→25 否→22
22. 你不喜欢喝咖啡？是→25 否→26
23. 你喜欢擦香水？是→A 否→B
24. 你有5瓶以上的保养品或化妆品？是→C 否→D
25. 你是一个不怕麻烦的人？是→E 否→F
26. 你常被别人邀请去参加活动？是→G 否→H

【比一比】 结果分析

A. 很会照顾别人的领导派

不管是在熟悉或陌生的环境，你都会主动地和别人打招呼，有问题发生时，你也总是毫不犹豫地冲向前去解决，喜欢享受别人"叫你第一名"的得意滋味。你天生就具有领导的性格，在团体中常处于指挥的地位，容易被别人信任。

B. 不知道烦恼为何物的乐天派

你是属于"自来熟"那种类型的人物，没事也会找事做，没话也会找话讲，有你在的地方就有笑声。你的人际关系不错，大家都很喜欢和你相处，而你也总是开朗大方，所以朋友很多，常常有参加不完的聚会，让你疲于奔命。

C. 择善固执的坚持派

你很注意流行信息，只要有人和你聊这样的话题，你一定可以马上和他成为无话

不谈的好朋友。你是很有原则的人,只要不和你的原则冲突,你什么事都好商量,可是如果违背你的原则,那就什么也没得谈了。

D. 积极努力的认真派

你是一个很守规矩的人,自我要求很高,相对的,对别人也不会放松,你喜欢自我约束力强的人,个性随兴的人是无法和你成为朋友的。你非常努力,是别人眼中的好宝宝,常因为太过专注于学习而忽略了人际关系。

E. 开朗没心机的奇檬子派

你对人没有什么特别的好恶,不过,如果有人能和你聊聊有兴趣的话题,你会欲罢不能地和他马上挤在一起。别人和你相处的感觉都会觉得很舒服,所以你很容易交朋友,就算你不积极地拓展人际关系,它也会不请自来。

F. 洞察人心的神秘派

在团体中,你的话并不多,甚至别人对你的印象都是"神秘"。其实你并不是不喜欢和人在一起,只是你喜欢躲在一边观察,所以你非常能看出别人心里在想什么。你也喜欢和别人讨论命理、星座、占卜之类的学问。

G. 和善亲切的自然派

你是一个很亲和的人,不会带给别人压力,对朋友很体贴,具有同情心。任何人来找你帮忙,你都会尽其所能地提供自己可以付出的力量,不求回报,也不会不耐烦,所以你的人际关系很好,是许多人的情绪垃圾桶、心灵急救站。

H. 无忧无虑的天真派

你是一个没心眼的人,想法单纯,凡事都不会有计划或想太远,属于今朝有酒今朝醉的类型。原则上,你的朋友都会很喜欢你,只是有时候你的天真可能会为别人带来一些不必要的麻烦,只是你常常自己都搞不清楚。

八、校内公共场所礼仪

(一) 校园

(1) 自觉保持校园整洁,不乱扔纸屑、粉笔头、果皮、包装袋。不随地吐痰、不乱丢垃圾,严禁在校园吃泡泡糖、瓜子类食品。

(2) 爱护标语牌、警示牌、格言牌和花草树木。不跳摸班牌、格言牌、警示牌和电器设施;不在黑板、墙壁和课桌椅上乱涂、乱画、乱抹、乱刻;不践踏草地,不攀枝摘花;节约用水用电,不开长明灯。

(3) 严禁吸烟、喝酒、赌博、看黄色影视书刊、不进"网吧",不参与迷信、邪教活动。

(4) 严格遵守交通法规。自行车要存放在指定的地点,不乱停、不乱放,严禁在校内骑车、带人。

探究实践

校园美

教学楼，真热闹。杨柳青，花儿俏。同学们，蹦又跳。讲文明，懂礼貌。见老师，问声好。见同学，问声早。爱环境，出新招。有垃圾，专人管。见废纸，弯腰捡。护环境，人有责。校园美，齐欢笑。

（二）图书室和阅览室

（1）室内须保持安静和卫生，不要高谈阔论或东跑西走。

（2）爱护书刊，不得偷撕资料，不作记号，阅读开架报纸后应按原序摆放。

（三）餐厅

（1）遵守就餐纪律，按时排队购买饭菜。不抢跑、不抢饭。自觉排队，不插队，不大声喧哗，不敲击碗筷，不把饭菜撒在地上。

（2）文明就餐，坐姿端正，胸挺直，不架腿，不随意走动。

（3）饭菜含在嘴里的时候不说话、不打闹。

（4）要尊重食堂工作人员的劳动，爱惜粮食，注重节俭，不乱倒剩菜剩饭。吃不完的食物应倒入指定的容器中。

（四）宿舍

（1）宿舍内要保持整洁。箱子、衣服、鞋帽、日用品等应放在指定位置，不往窗外或楼下倒水、扔东西、吐口水。

（2）按时起床、就寝。熄灯铃响后不得谈话、打闹，不得进行体育或其他活动。

（3）讲究文明，不说脏话粗话，严禁吸烟喝酒。

（4）到他人宿舍，应先敲门，得到允许后方可进入。非经教师同意，男、女生不准互串宿舍。

（5）文明用厕，爱护卫生设施，损坏设施应主动赔偿。

小结 XIAOJIE

学校是一个育人的摇篮，是一方纯净的沃土，校园的文明直接折射出社会的文明。同学们，"天下大事，必行于细"。让我们高度重视"讲文明"，让我们从自己做起，从身边的小事做起，把思想道德规范落实到每一个言行中。让我们共创文明的校园，争做文明的中职生！

 探究实践

一、小品内容

【人物】 老师和学生A、B、C、D共五人。

【背景】 以教室前的空地为场地，并摆有四张凳子。

老师：上课！

学生A、B、C：老师好！

老师：请坐。

学生A：老师，这节课上什么呀？

老师：语文。

学生A：真没劲！（然后趴在桌子上睡觉）

老师：今天我们讲第三节内容，那个空着的座位是谁啊？

学生B：老泡！不不不，冯帅！

（学生D进入教室——）

老师：冯帅，你喊报告了吗？

学生D：我喊了！

老师：那我怎么没听着啊？

学生D：那是你耳背！

老师：你这学生说话怎么这么没礼貌啊？

学生B：老师，不就一报告吗，算了吧！

学生C：就是，老师，你要看他下课什么样儿，你就该知足了！

老师：冯帅，你下课后到办公室等我！

学生D：你怎么那么烦呀！（拍桌子走出教室）

老师：好了，我们开始上课，大家翻开书看第80页黑体字……

学生B：你干吗呢？谁让你动那个了？

学生C：什么干什么啊？那椅子又不是你家的。

学生B：不是我家的，那我坐着，你没事动什么动啊？

学生C：我乐意动，手是我的，又不是你的，再说，我动的是椅子，又不是你！

学生B：你这人会说人话吗？讲不讲理啊！

学生C：你管呢！我就这样说话。

学生A：吵什么呀？

学生B、C：关你什么事啊？

学生A：怎么不关我事，吵着我睡觉了！

老师：你们这是干什么呀，叫上课吗？

学生：A、B、C：你讲你的去！

老师：你们这叫什么学生！这课没法上了！

【提问】 看完这个小品，请大家谈谈自己的看法。

二、小品表演

由四位学生进行表演。

校园礼仪三句半

我们四人台上站，要把礼仪常规谈，大家别嫌咱啰唆，往这看！
穿戴干净又整齐，拉链纽扣要系好，胸卡校徽天天戴，讲仪表！
校园内外不乱跑，自觉排队往右靠，危险游戏不要做，别忘掉！
自尊自爱重仪表，诚实守信讲礼貌，遵规守纪勤学习，要记牢！
天天来把卫生搞，贵在保持习惯好，遇到废纸不放过，重环保！
预备铃响进教室，课本桌椅摆放好，不吵不闹坐端正，妙、妙、妙！
升旗仪式要肃立，高唱国歌要整齐，校训呼号要响亮，要有力！
同学之间要友爱，互帮互助树新风，不打架来不骂人，讲文明！
校园礼仪搞得好，好人好事真不少，礼仪模范在哪里，瞧、瞧、瞧！

专题二

交往礼仪

学习目标 XUEXI MUBIAO

1. **知识目标**
- 掌握称谓礼仪、致意礼仪、介绍礼仪的基本规范。
2. **能力目标**
- 提高人际交往能力。
3. **价值目标**
- 提升自身的礼仪形象,促进人际交往和谐。

学习重点 XUEXI ZHONGDIAN

- 称谓礼仪、致意礼仪、介绍礼仪的基本规范。

学习难点 XUEXI NANDIAN

- 因人施礼、因场合施礼。

新课导入

徐强是个很有上进心的年轻人,他一直希望能有机会和成功人士交往,以向他们学习。在一次聚会上,经朋友介绍,有幸结识了一位地位显赫的企业家,他很庆幸能和这样的人结识。双方握手之后,徐强竟然连一句主动的话都没有。结果是人家问一句他答一句,本来很轻松的场面,一下子变得像个考场。对方大失所望,找了个理由就离开了。

【想一想】 你喜欢和什么样的人交往?

没有人愿意和畏畏缩缩、不自信的人交往。如果不懂怎样和人交往，必将是孤立的。可以说，人际关系注重交往礼仪，随时随地都给别人留下良好的印象：说话有尺度，交往讲分寸，办事重策略，行为有节制，别人就很容易接纳你，帮助你，尊重你。

一、称呼礼仪

敬人者，人恒敬之；爱人者，人恒爱之。

——孟子

称呼是指人们在日常交往应酬中所采用的彼此间的称谓语。在人际交往中，选择正确、恰当的称呼，是对他人尊重、友好的表示。恰当地使用称呼，是社交活动中的一种基本礼貌。称呼要表现尊敬、亲切和文雅，使双方心灵沟通，感情融洽，缩短彼此距离。正确掌握和运用称呼，是人际交往中不可缺少的礼仪因素。

（一）称呼的方式

1. 姓名性称谓

（1）直呼姓名。

（2）只呼其姓，不称其名，但要在它前面加上"老""大""小"等。如"小张""老王"等。

（3）只称其名，不呼其姓，通常限于同性之间，尤其是上级称呼下级、长辈称呼晚辈之时。在亲友、同学、邻里之间，也可使用这种称呼。

2. 性别性称谓

根据性别的不同，还可以称呼"小姐""太太""女士"或"先生"，"小姐"是称呼未婚女性，"太太"用于称呼已婚女性，"女士"是对女性的一种尊称。

3. 职称性称谓

对有职称者，尤其是具有高级、中级职称者，可以称姓氏加职称。如："冯教授""陈工程师"或简称"陈工"等。

4. 职务性称谓

以交往对象的职位相称，以示身份有别、敬意有加，这是一种最常见的称谓。以职务相称，一般有三种情况：

（1）只称职务，如："董事长""经理""主任"等。

（2）姓氏＋职务，如："赵经理""张主任"等。

（3）姓名＋职务，如："赵某某部长""张某某主任"等，主要用于特别正式的场合。

5. 行业性称谓

对于从事某些特定行业的人，可以称姓氏加职业。如"陈老师""王律师""韩会

计"等。

(二) 称呼的礼仪规范

(1) 对领导、长辈和客人不要直呼其名，可以在其姓氏后面加合适的尊称或职务。

(2) 对相交不深或初次见面的客人，表示敬意应用"您"，而不要用"你"。

(3) 在日常工作中，对一般交往对象，可分别称"同志""老师""先生""小姐"等。在非正式场合，对同事可根据年龄来称呼，如"老陈""小张"等。较熟悉的朋友和同学可直呼其名。

(4) 多人交谈的场合，应遵循先上后下、先长后幼、先女后男、先疏后亲的顺序。

(5) 对一些特殊的人，如有生理残疾的人，要绝对避免使用带有刺激性或蔑视的字眼。

(6) 在涉外场合，应避免使用容易引起误会的一些称谓。

(三) 避免不合适的称呼

1. 使用错误的称呼

常见的错误称呼有两种：一种是误读，一般表现为念错称呼者的名字；二是误会，主要指对被称呼者的年纪、辈分、婚否以及其他人的关系做出错误判断。

2. 使用绰号作为称呼

活动天地

思考与训练：分角色扮演不同的职业和身份，练习在交往中用不同的称呼。

二、致意礼仪

一天，林肯总统与一位南方的绅士乘坐马车外出，途中遇到一位老年黑人深深地向他鞠躬。林肯点头微笑并也摘帽还礼。同行的绅士问道："为什么您要向黑鬼摘帽？"林肯回答说："因为我不愿意在礼貌上不如任何人。"可见，林肯深受美国人民爱戴是有其原因的。1982年美国举行民意测验，要求人们在美国历届的40位总统中挑选一位最佳总统，名列前茅的就是林肯。

【想一想】在学习中你是否对每一位认识或不认识的教职员工和来访的客人问好呢？回家时，你是否向你的邻居等人打招呼？

(一) 致意的礼仪

(1) 致意要讲究先后顺序。

通常应遵循：年轻者先向年长者致意；学生先向老师致意；男士先向女士致意；

下级先向上级致意。

（2）向他人致意时，往往可以两种形式同时使用，如点头与微笑并用，起立与欠身并用。

（3）致意时应大方、文雅，一般不要在致意的同时，向对方高声叫喊，以免妨碍他人。

（4）如遇对方先向自己致意，应以同样的方式回敬，不可视而不见。

（二）致意的形式

1. 点头致意

点头致意往往用在以下几种场合：在公共场合遇到相识的人而相距较远时；与相识者在一个场合多次见面时；对一面之交或不太相识的人在社交场合见面时，均可微笑点头向对方致意，以示问候，而不应视而不见，不理不睬。施礼时，一般应不戴帽子。

具体做法是：身体要保持正直，两脚跟相靠，双手下垂置于身体两侧或搭放于体前，目视对方，面带微笑，头向前下微低。注意不宜反复点头，也不必幅度过大。

2. 握手

握手常用于见面、告辞的场合，还作为祝贺、感谢、慰问或相互鼓励的表示。

（1）握手讲究"尊者为先"的顺序，即应由主人、女士、长辈、身份或职位高者先伸手，客人、男士、晚辈、身份或职位低者方可与之相握。

（2）握手标准姿势：行握手礼时，不必相隔很远就伸直手臂，也不要距离太近。一般距离约一步，上身稍向前倾，伸出右手，四指齐并，拇指张开，双方伸出的手一握即可，不要相互攥着不放，也不要用力使劲。若和女士握手时，不要满手掌相触，而是轻握女士手指部位即可。

正确的握手方法是：时间宜短，要热情有力，要目视对方。女子同外国人握手时，手指与肩部要自然放松。

（3）握手的禁忌：

①忌戴着手套握手。

②忌握手时以另一手拍打对方身体各部位。

③忌心神不安，目光游移不定。

④忌以左手相握。

握手一定要求用右手，在阿拉伯国家及少数西方国家，认为左手是"不洁之手"，用左手握手是对对方的一种侮辱

3. 举手致意

行举手礼的场合与行点头礼的场合大致相似，它最适合向距离较远的熟人打招呼。

行举手礼的正确做法是：右臂向前方伸直，右手掌心向着对方，轻轻向左右摆动一两下。不要将手上下摆动，也不要在手部摆动时以手背朝向对方。

4. 注目致意

注目致意主要用于升国旗、剪彩揭幕、庆典等活动时。行注目礼时，不可戴帽、东张西望、嬉皮笑脸、大声喧哗。正确的做法为：身体立正站好，挺胸抬头，双手自然下垂放于身体的两侧，表情庄重严肃，目视行礼对象，并随之缓缓移动。

5. 鞠躬

意思是弯身行礼，是表示对他人敬重的一种郑重礼节。

此种礼节一般是下级对上级或同级之间、学生向老师、晚辈向长辈、服务人员向宾客表达由衷的敬意。

（1）行礼时，立正站好，保持身体端正；

（2）面向受礼者，距离为两三步远；

（3）以腰部为轴，整个肩部向前倾15°以上（一般是60°，具体视行礼者对受礼者的尊敬程度而定），同时问候"您好""早上好""欢迎光临"等；

（4）朋友初次见面、同志之间、宾主之间、下级对上级及晚辈对长辈等，都可以鞠躬行礼表达对对方的尊敬。

鞠躬时要注意：如果戴着帽子，应将帽子摘下，因为戴帽子鞠躬既不礼貌，也容易滑落，使自己处于尴尬境地。鞠躬时目光应向下看，表示一种谦恭的态度，不要一面鞠躬，一面试图翻起眼睛看对方。

三、介绍礼仪

社交的起因在于人们生活的单调和空虚。社交的需要驱使他们来到一起，但各自具有许多令人厌憎的品行又驱使他们分开。终于，他们找到了能彼此容忍的适当距离，那就是礼貌。

——叔本华

案例分析

高晓强的自我介绍："我叫高晓强，周星驰的《唐伯虎点秋香》大家都看过吧，电影里与周星驰相依为命的蟑螂叫小强，我的小名也叫小强，可是此小强非彼小强哦！"相信这样一个别致幽默的自我介绍在让人忍俊不禁的同时，也记住了这个可爱的"小强"。

【想一想】 怎样才能让别人更容易记住你的名字呢?

介绍包括自我介绍和介绍他人。这是社交活动中相互了解的一种基本方式。学会介绍自己和他人,是社交的一项基本功。恰如其分的介绍,既可以迅速拉近距离,也可以显示一个人的礼仪修养。

(一) 自我介绍

自我介绍,就是在必要的社交场合,把自己介绍给其他人,以使对方认识自己。恰当的自我介绍,不但能增进他人对自己的了解,而且还可以创造出意料之外的结果。

1. 自我介绍的几种情形

(1) 需要介绍的场合。当你是活动的主持人和主角时,因为没有别人为你做介绍,一亮相就需要做自我介绍。

(2) 需要结识某人。

(3) 当主人无暇顾及时。

2. 自我介绍的方式

(1) 工作式。

工作式的自我介绍的内容,包括本人姓名、供职的单位以及部门、担负职务或从事的具体工作等三项。

(2) 交流式。

它是一种可以寻求交往对象进一步交流的沟通,希望对方认识自己、了解自己、与自己建立联系的自我介绍。适用于在社交活动中,大体包括本人的姓名、工作、籍贯、学历、兴趣以及交往对象的某些熟人的关系等。

(3) 问答式。

针对对方提出的问题,做出自己的回答。这种方式适用于应试、应聘和公务交往。

(4) 礼仪式。

这是一种表示对交往对象友好、敬意的自我介绍。适用于讲座、报告、演出、庆典、仪式等正规的场合。内容包括姓名、单位、职务等项。自我介绍时,还应多加一些适当的谦辞、敬语,以示自己尊敬交往的对象。

(5) 应酬式。

这种自我介绍的方式最简洁,往往只包括姓名一项即可。它适合于一些公共场合和一般性的社交场合。如途中邂逅、宴会现场、舞会、通电话时。它的对象主要是一般接触的人。

3. 自我介绍的分寸

(1) 力求简洁,尽可能地节省时间。

通常自我介绍以半分钟为宜,如无特殊情况,最好不要长于1分钟。

(2) 在适当的时间进行。

进行自我介绍时,最好选择在对方有兴趣、有空闲、情绪好、干扰少、有要求之时。如果对方兴趣不高、工作很忙、干扰很大、心情不好、没有要求、休息用餐或正忙于其他交际时,则不太适合进行自我介绍。

4. 自我介绍需要注意态度和语言

(1) 态度要保持自然、友善、亲切、随和,整体上讲求落落大方,笑容可掬。

(2) 语气自然,语速正常,语言清晰。

(3) 充满信心和勇气。忌讳妄自菲薄、心怀怯意。要敢于正视对方的面部,显得胸有成竹,从容不迫。

(4) 进行自我介绍所表达的内容要实事求是,过分谦虚或夸大其词都是不可取的。

(二) 介绍他人

我们可以通过很多途径来扩大社交圈,而通过朋友、熟人介绍是其中一种很重要的途径。在我们的日常生活中,介绍与被介绍起着非常重要的作用,青少年朋友通过相互之间的介绍,扩大自己的朋友圈子,友谊就在这样周而复始的相互介绍中生根发芽。

1. 介绍人

(1) 在普通场合,介绍人应由秘书、陪同、公关人员、接待人员等专业人士或由与双方均熟悉之人担任。

(2) 在重要场合介绍贵宾时,介绍人则必须由在场人中地位最高者担任。

(3) 在家庭聚会中,由女主人充当介绍人。

2. 介绍的顺序

介绍他人之前应征得双方的同意,尤其要了解地位较高一方有无此种意图。在介绍他人时,要遵循"尊者拥有优先知情权"的原则,即将身份地位低的一方介绍给身份地位高的一方,以示对尊者的敬重之意。

具体顺序如下:

(1) 将男士介绍给女士。

(2) 将年轻者介绍给年长者。

(3) 将职位低者介绍给职位高者。

(4) 将客人介绍给主人。

(5) 将晚到者介绍给早到者。

如果被介绍者符合其中两个以上的顺序,一般应按后一个顺序进行介绍。

(6) 若一方拥有多位人士,则最为标准的方式是由地位高者开始,并依次进行。

(7) 先介绍地位低的群体,后介绍地位高的集体。

(8) 替一人与另外一个由多人所组成的集团进行介绍时,通常应首先介绍前者。

3. 介绍用语

一般做法是，向受介绍一方说："我来介绍一下"，或者说："请允许我向你介绍"。也可以用征询的口气问："你愿意认识××吗?"

当你成为被介绍的人时，一般应该站在另一被介绍人的对面，及时握手，并致以问候："你好!"或"认识你很高兴!"也可以递上名片："请多指教!"或"请多关照!"

4. 介绍的姿态

为他人介绍时，应该站在双方中间，把手掌伸开去（手心向上）向着被介绍的一方，不可以用手指指点点，或去拍被介绍一方的肩和背。

在被介绍时，应保持直立，目光柔和真诚地平视对方，和对方握手时要热情，并点头致意，用一些真诚的问候语来博得对方的好感，尽快地与对方熟识起来。

【想一想】 虽然经过开学后一段时间的交往，同学们已经相互认识了。但是，彼此可能还不是非常了解。重新在全班同学面前做个自我介绍，要让同学们更深入地了解你哦!

小结 XIAOJIE

礼仪是歌，一首焕发向上的歌；
礼仪是诗，一首没有结尾的诗；
礼仪是泉，一股清澈透亮的泉；
遵守礼仪，是你生活中的亮点；
学会礼仪，说明你正走向成熟。
如果礼仪已经在你心中成长，
那么用真诚去浇灌，
用热情去哺育，
用理解去培养!
在它茁壮成长的同时，你也在成长!

模块二　道德法律篇

　　一个人生活在社会上，必然要受到道德和法律的约束，违背道德要受到社会的谴责，违反法律将被追究法律责任。道德，是人们心中的法律；法律，是外在的强制性道德。我们做最好的自己，不仅要提高道德素质，而且要学法，提高法律素质。我们为人处事，必须严守规则。有规矩才能成方圆，懂规矩才知道怎么做，守规矩才能得到幸福。我们要以遵纪守法为荣，以违法乱纪为耻，增强规矩意识。

　　青少年是社会主义现代化事业的接班人。青少年的健康成长关系到自身的前途和幸福，关系到祖国的明天、民族的未来。当前，一些青少年由于缺乏法制观念，在社会不良风气的影响下，做出了犯罪行为，受到了法律的严厉制裁。这不仅给自己的成长带来了巨大的挫折，也给自己的家人带来了深深的痛苦，同时更给社会带来了极大的危害。所以，增强青少年的法制观念，努力提高自身素质，预防违法犯罪，是我们走好人生每一步的必然要求。

专题三

预防一般违法行为，从小事做起

学习目标 XUEXI MUBIAO

1. 知识目标
- ❖ 理解违法行为的含义以及违法行为的危害性。
- ❖ 列举对违反治安管理行为的处罚方式。

2. 能力目标
- ❖ 学会对生活中的一般违法行为进行分析。
- ❖ 培养良好的行为习惯，避免不良行为，做到严于律己，自我防范，杜绝一般违法行为。

3. 价值目标
- ❖ 认同遵守法律的行为，认清违法无小事，鄙视、谴责违法行为。
- ❖ 树立强烈的守法意识，提高预防违法行为应从小事做起的自觉性和主动性。

学习重点 XUEXI ZHONGDIAN

- ❖ 认清违法的危害。
- ❖ 学会杜绝不良行为。

学习难点 XUEXI NANDIAN

- ❖ 远离不良行为。

新课导入 ◇◇◇

　　2003年2月1日，载有7名宇航员的美国哥伦比亚号航天飞机结束了为期16天的太空任务之后，返回地球，但在着陆前发生意外，航天飞机解体坠毁，7名宇航员

全部遇难。事后据调查,失事原因是:外挂燃料箱隔热泡沫脱落,尽管这块泡沫仅0.77千克,可还是在哥伦比亚号左翼防热瓦上砸了个小洞,与大气层摩擦的巨大热量透过这个洞进入机体,引起爆炸。

正值青春年华的我们如同一架动力强劲的航天飞机,期待着在人生的蓝天上自由翱翔。然而有时,一个小小的故障,就足以折断我们的羽翼,令我们轰然坠落。一次不良行为、一次违法行为、一次犯罪,都可能是0.77千克的泡沫。所以,我们要学会防微杜渐,杜绝不良行为,从我做起,从小事做起,认清违法犯罪的本质和后果,自觉依法律己,预防一般违法行为和犯罪行为。生活中法律的"雷区"随处可见。

【想一想】 什么是不良行为?什么是违法行为?违法有哪些危害?法律特别要求我们避免哪些不良行为?

一、杜绝不良行为

(一)识别不良行为

有关部门调查未成年人犯罪的发展轨迹,发现他们一般在10~12岁就染上某些不良行为,13~14岁走上违法道路,14~17岁出现犯罪的高峰。

不良行为指容易引发未成年人犯罪,严重违背社会公德,尚不够刑事处罚的行为。轻微不良行为既不构成违法,更不构成犯罪,它的危险性与违法犯罪行为相比,容易被忽视,令人不知不觉地走上违法之路。预防未成年人犯罪,必须从不良行为这个源头抓起,预防未成年人犯罪法就是堵住这一源头的牢固堤坝。

知识链接

《中华人民共和国预防未成年人犯罪法》于1999年6月28日由九届全国人大常委会第十次会议通过。自1999年11月1日起正式施行。它对预防未成年人的不良行为和矫治未成年人的严重不良行为做出了具体规定。自实施以来,预防未成年人犯罪法在保护未成年人身心健康、优化未成年人成长环境方面发挥

了重大作用。

根据预防未成年人犯罪法，不良行为包括：旷课、夜不归宿；携带管制刀具；打架斗殴、辱骂他人；强行向他人索要财物；偷窃、故意毁坏财物；参与赌博或者变相赌博；观看、收听色情、淫秽的音像制品、读物等；进入法律、法规规定未成年人不适宜进入的营业性歌舞厅等场所；其他严重违背社会公德的不良行为。

预防未成年人犯罪法规定了严重不良行为，即严重危害社会，但尚不够刑事处罚的违法行为：纠集他人结伙滋事，扰乱治安；携带管制刀具，屡教不改；多次拦截殴打他人或者强行索要他人财物；传播淫秽的读物或者音像制品等；进行淫乱或者色情、卖淫活动；多次偷窃；参与赌博，屡教不改；吸食、注射毒品；其他严重危害社会的行为。

案例分析

朴亮出生在一个普通的农家，是家里唯一的男孩，倍受爷爷奶奶、父母和姐姐的宠爱，逐渐养成飞扬跋扈、蛮不讲理的恶习。他上学经常迟到早退，逃学旷课成了家常便饭，有时甚至夜不归宿。此外，他烟酒不离手，经常跟一些不三不四的社会青年逛歌舞厅。家人规劝朴亮，可他毫不在乎地说："我一不违法，二不犯罪，不会出事的！"一天，朴亮偷拿了家里100元钱，父亲打了他一巴掌，朴亮觉得委屈而离家出走，在火车站附近开始了偷盗生涯。4年后，朴亮在盗窃时被抓获，被判处一年有期徒刑。

【想一想】

☆分析朴亮是怎样走上犯罪道路的？

☆朴亮失足，给我们什么警示？

我们正值人生中最美好也是最脆弱的时期。我们有旺盛的精力，却经常不知该如何利用；有敏捷的头脑，却遇事不加深思熟虑；有纯洁的心灵，却容易受到各种诱惑；有如火的热情，却缺乏理智的约束。稍一大意，我们就可能在不知不觉中沾染上不良行为。

"冰冻三尺，非一日之寒。"很多犯罪不是一朝一夕形成的，有一条从不良行为到违法行为、再到犯罪的轨迹。如果沾染上不良行为，得不到及时纠正，就可能逐步发展为违法甚至犯罪。

（二）远离这些恶魔

竹生一直是班里的好学生，一次他应邀去迪厅跳舞。在迪厅里，有人神秘兮兮地递上一支奇怪的"香烟"，竹生猜出烟里有毒品，拒绝了。那人引诱说，吸两口不会上瘾，并亲自示范了一下。看着那人无比陶醉的神情，竹生心动了，他……

【想一想】

☆如果你是竹生，会怎样做？

☆为故事续尾，并对结局进行分析。

我们像春天里生机盎然的小树，应该在阳光雨露的呵护下舒枝展叶，茁壮成长。严重不良行为就像害虫，侵蚀着人们健康的肌体。其中，传播淫秽音像制品、吸食注射毒品和赌博行为对人们的危害尤甚，它们如同恶魔，令人迷失心性，一步步踏上不归之路。远离这些恶魔，必须认清它们的危害。

镜头一：

中学生一般用手机做什么？记者调查统计得知：与家人联系占38.55%，发短信占52.17%，玩游戏占19.13%，上网占8.99%，闲聊占44.1%。而除了与家人联系外，其他的几项均有可能涉及色情内容。发黄色短信息是传播色情的主要途径，部分学生从互联网上或其他途径收到这样的短信后，就转发给同学取乐，一些学生甚至把相互转发黄段子当成时尚。一些中学生在接受采访时说："像这种（黄色）信息，同学传给我，我一看，觉得挺好玩的，就把它传给其他同学。"

镜头二：

手机游戏的挑战性使很多青少年越玩越上瘾。一位初二的女生告诉记者，她曾经看到她的同桌上课时玩一个叫"美女脱衣"的手机游戏，手机屏幕上有一个卡通女孩，旁边有一个圆盘，分别是"我要脱""我要穿""重来"，一个箭头绕着它们快速转动。如果玩者能把转着的箭头停在"我要脱"处，美女身上的衣服就会少一件，停在"我要穿"时，美女身上的衣服就会多一件，如果玩者4次都点到了"我要穿"，美女就会盖上一条被子，游戏结束，并出现字幕："呵呵，你这个笨蛋！"每次看到这行字幕，同桌都会不甘心地再来一局。

【想一想】

☆分析上面的案例，说说传播淫秽音像制品有哪些危害。

☆讨论一下你的周围还有哪些传播淫秽音像制品的方式？同学们该如何抵制这些行为对我们的危害？

镜头一：

中学生小建喜欢与同伴玩扑克，一天，他们为了确定让谁请客吃冰淇淋，议定以钱作为赌注。小建的牌技好，很快便将其他同学的钱赢来，并用赢来的钱买来冰淇淋分给同学们吃。后来，大家觉得很刺激，就开始用钱作赌注来玩扑克。小建因此对赌钱产生了兴趣，并开始尝试其他玩法，直到赌博成瘾。

镜头二：

2007年1月中旬，记者接到一位李女士的电话投诉，她的侄儿阿峰（化名）在琼海市重点中学——嘉积中学上高一，从元旦开始赌球，已经借了4.5万元高利贷，还不断从家里偷钱，眼下全家的安全正受到威胁。1月18日，几名社会青年突然带着刀出现在阿峰家门口，威胁说，阿峰欠了他们4.5万元的高利贷。当阿峰的父亲说没有钱时，对方恶狠狠地说："三天不还，杀你们全家！"一家人在恐慌中度过了两天，好不容易凑够4.5万元现金，还给了放贷者。

【想一想】

☆分析上面的案例，说说赌博有哪些危害。

☆讨论一下该如何预防赌博行为？

"黄、赌、毒"曾在旧中国猖獗一时。新中国成立后，"黄、赌、毒"这个毒瘤被彻底铲除。由于腐朽思想作祟，"黄、赌、毒"近年来又死灰复燃，成为社会公害。这些恶魔将无数青少年带入犯罪的深渊，也带走了无数家庭的欢声笑语。"黄、赌、毒"毒害人的身心健康。

吸食、注射毒品和赌博都具有强烈的成瘾性，一旦染指，极难戒除。毒魔对人体的危害更是毁灭性的。一旦染上吸毒的恶习，人体不仅会产生强烈的躯体依赖和心理依赖，导致精神或神经系统的疾病，还会传染艾滋病等多种病症，过量吸毒甚至会造成死亡。传播淫秽音像制品会使身心发育尚未健全的未成年人陷入性的误区，发生早恋或早期性行为，严重的甚至实施性犯罪。更可怕的是，"黄、赌、毒"会导致人们人格上的倒退，使人自私自利、不思进取、自暴自弃、不知羞耻，更无心学习和工作。

毒瘾发作时，人体通常会冷汗淋漓、涕泪横流、恶心呕吐、肌肉疼痛，如同坠入地狱。一位吸毒者描述："毒瘾发作，身上就像有成千上万条虫子在咬，一直咬到骨头

里。我会捶胸顿足,丑态百出,这时只要能吸上一口海洛因,就是死也不管了。"

"黄、赌、毒"诱使人违法犯罪。吸食、注射毒品和赌博需要大量金钱作为资本。毒资或赌资一旦枯竭,吸毒者和赌徒会铤而走险,实施盗窃、抢劫、卖淫、贩毒等犯罪行为。黄魔则刺激人感官和肉体的欲望高度膨胀,使其抑制不住生理上的躁动,走上强奸、抢劫、凶杀等犯罪道路。"黄、赌、毒"破坏人的家庭幸福。毒品和赌博就像无底洞,只要一人沾上吸毒或赌博的恶习,整个家庭往往会一贫如洗、亲人反目,最终走向解体。沾染上黄毒的未成年人,或者萎靡不振,或者违法犯罪,令父母终日以泪洗面,家庭幸福荡然无存。为了我们的锦绣前程,为了不让父母流泪,为了社会安定和谐,从现在起,让我们远离魔鬼,健康成长!

【名人名言】

鸦片流毒中国,垂及百年,推其为祸之烈,小足以破业殒身,大足以亡国灭种。

——孙中山

二、认清违法危害

(一)违法无小事

案例分析 ◇ ◇ ◇

小王家里饲养的宠物狗经常夜里狂吠,邻居很有意见,有人甚至报警,说狗叫扰乱了他们的正常生活秩序。小王被公安机关予以警告。小王很不服气。

小王的朋友对此事发表了不同的看法。

观点一:小王的行为是违法行为!警察的处罚决定是正确的。

观点二:是狗自己在乱叫,小王充其量是犯个错误,这也要罚呀?

观点三:小王的行为违反了治安管理处罚法。

【想一想】 你同意哪个观点,说说你的理由。

一个人如果缺乏道德、规则意识,法律观念不强,就难免做出违背道德甚至违法的行为。

违法行为是指出于过错违反法律、法规的规定,危害社会的行为。根据违反的是哪类法律、法规,违法行为分为刑事违法行为、民事违法行为和行政违法行为。刑事违法行为就是我们常说的犯罪,是违法行为中最严重的一种。民事违法行为是违反民事法律法规,应当追究民事责任的行为,如合同违约、拾金而昧、侵犯他人肖

像权等行为。行政违法行为是指违反了行政法律法规的行为，如违反交通管理法规、扰乱社会治安等行为，就属于行政违法行为。同犯罪相比，民事违法行为和行政违法行为对社会的危害比较小，称为一般违法行为。但是，无论一般违法行为还是犯罪行为，都有一个共同的后果：承担法律责任，受到法律制裁。所以，我们应该谨记：违法无小事。

（二）警惕身边的违法行为

镜头一：

大奎来自偏远农村，刚入校时是一个品学兼优的学生。后来，他迷上了泡网吧，尤其对黄色网站、淫秽图片感兴趣，甚至想亲手制作几幅女生如厕的写真图片。一天中午，他偷偷潜入学校女厕所，用手机连续偷拍五位女同学如厕图片，被学校保卫人员当场抓获。

镜头二：

迅迅初中没读完就辍学了，整天跟几个社会闲散青年在一所小学附近追逐、拦截从学校进出的孩子，以此取乐，有时蛮不讲理地强行索要孩子的零用钱，有时无缘无故地把孩子的书包割坏，以寻求精神刺激。

【想一想】

☆你身边有类似事情发生吗？

☆你知道这些行为是违法的吗？

噪音扰民、球场闹事、偷拍隐私、抢劫财物……这些在生活中并不鲜见的行为，都是违反治安管理处罚法的行政违法行为。违反治安管理的行为是指扰乱公共秩序，妨害公共安全，侵犯人身权利、财产权利，妨害社会管理，具有社会危害性，尚不够刑事处罚的行为。由于这类行为的危害性不大，处罚也不重，有些人受到侵害后自认倒霉，不知道可以追究违法者的法律责任；有些人实施了违反治安管理的行为，自以为只是犯个小错，全然不知已经违法。了解治安管理处罚法，一方面有助于我们分清是非，自觉杜绝违法行为；另一方面有助于我们面对违法行为时积极维护自身权益。

（三）对违反治安管理行为的处罚

一天晚上9点，某县公安局"110"接警台接到一男青年用座机打来的电话，话

· 31 ·

筒里传出难听的辱骂声。民警告诫不要乱打"110",但打电话者反而变本加厉,继续拨打"110"报警电话十余次(占用"110"接警线路40余分钟)并辱骂民警。接警员根据来电查清骚扰电话的位置,巡警将正在拨打"110"电话的某学生大发抓获。大发说,此举只是为了取乐。大发的行为严重扰乱了公安工作秩序,被处以治安拘留10天的处罚。大发既吃惊又后悔:早知如此,无论如何也不会干这种蠢事。

【想一想】 民警给予了大发什么处罚?

违法行为都要受到法律的制裁,违反治安管理的行为也不例外。根据治安违法行为的性质和轻重程度,治安管理处罚法相应规定了不同的处罚方式。

1. 警告

这是对轻微的违法行为人提出的口头告诫。这是最轻的一种处罚,主要适用于初犯、认错态度较好的违法者以及情节轻微的违法行为。

2. 罚款

这是强令违法行为人依法向国家缴纳一定数额金钱的处罚方法。

3. 行政拘留

这是对违法行为人予以短期剥夺自由的处罚方法,主要适用于违反治安管理情节严重的人。

4. 吊销公安机关发放的许可证

这是对情节严重的违法者吊销公安机关发放的许可证照的处罚方法。

5. 限期出境或驱逐出境

这是公安机关强迫违反治安管理的外国人在一定时间内离开中国国(边)境或者将其驱逐出中国国(边)境的处罚方法。

知识链接

根据违法行为的性质、情节和社会危害程度,治安管理处罚法将罚款和行政拘留又分为若干档次。罚款数额分为200元、500元和1 000元,"黄、赌、毒"类违法行为的罚款数额为3 000~5 000元;行政拘留则分为5天以下、5~10天、10~15天,合并执行时最长不超过20天。

古人云:"勿以恶小而为之,勿以善小而不为。"在现实生活中,时常有人毫无顾忌地违反治安管理处罚法。当他们受到批评时,往往满不在乎地抛出一句"大错不犯"来为自己辩护。殊不知,小恶也是恶;任其发展,小恶会酿成大恶!

【名人名言】

小时偷针，大时偷金。小洞不补，大洞吃苦。

善不积，不足以成名；恶不积，不足以灭身。

——佚名

预防一般违法行为，我们要学会从小事做起，在平日的生活中注意培养良好的行为习惯。加强自我防范，要正确对待父母和师长的教育。父母、师长看似"老生常谈"的教诲可能是做人的真理，需要我们耐心倾听、细细品味。不听劝导，为所欲为，容易使人走上违法的歧途。加强自我防范，要理解勇敢的真谛。守法不意味胆怯，犯法不意味勇敢。有些人正是无知无畏，逞一时之勇，以身试法，最终遗恨终生。面对不良行为和违法的诱惑，坚守内心的防线才是真正的勇气。

 探究实践

【下列现象在你身上有没有表现？】 如果有，你应该认真反思和十分警觉，一定要制定出改正的措施。

❖ 对学习不感兴趣，学习成绩无缘无故地下滑，不按时完成老师布置的作业，考试作弊，对考试结果不以为然，退学也无所谓。

❖ 劳动懒散，上课思想不集中，而对武打、言情和低级庸俗甚至黄色的录像、书刊和光盘甚感兴趣。

❖ 经常迟到、早退、旷课，厌恶学校生活。

❖ 对教师和家长的关心帮助表示反感，甚至怀有敌意，恶语顶撞。

❖ 对遵守纪律、要求进步的同学进行讽刺、挖苦和打击，同情和包庇甚至模仿有劣迹或有不法行为的人，把反社会的人格或行为当作"勇敢"的表现。

❖ 过分追求物质享受，染上了一些成年人的不良行为习惯，如抽烟、喝酒等。

❖ 原本养成的生活规律出现了变化，如从早起变成睡懒觉，从注意卫生到邋里邋遢、不修边幅甚至肮脏，或一反常态地特别喜欢梳妆打扮。

❖ 结交不三不四的人，或拉帮结派聚在一起甩扑克、打麻将，或三五成群出入公共场所，惹是生非，遇事便大打出手，唯恐天下不乱。

案例分析 ◇◇◇

27岁的马丁杨克是剑桥大学病理学系的研究生。2009年2月2日下午，正在英国访问的温家宝总理应邀在剑桥大学发表题为《用发展的眼光看中国》的演讲。演讲快结束时，27岁的德国学生马丁杨克突然吹哨叫嚷，并将自己脚上的一只鞋扔向讲台，干扰演讲。校方很快将马丁移交剑桥地区警方，随后他被指控"扰乱公共秩

序"。事件发生后,英国官方和剑桥校方向中方表示了歉意。温家宝总理也已通过我驻英使馆转达他的意见,认为对青年学生还应以教育为主,希望校方给他继续学习的机会。同时希望该学生正视错误,用发展的眼光认识一个真实的中国。2月9日第一次出庭时,马丁杨克否认了对他的扰乱公共秩序罪指控。他辩解说自己确实向温家宝总理扔了鞋,但否认有意对温总理造成困扰和伤害。如果被判有罪,他可能被判6个月监禁及最高5 000英镑罚款。

【议一议】

分析以上案例,说说马丁杨克的行为是否违法?如果在我国,扰乱公共秩序的行为违反的是哪一部法律呢?该如何处罚?

专题四

预防犯罪行为，从我做起

学习目标 XUEXI MUBIAO

1. 知识目标
- 理解犯罪的含义以及危害。
- 列举对犯罪行为的处罚方式。

2. 能力目标
- 学会对生活中的犯罪行为进行分析。
- 能辨别正当防卫和犯罪的区别。
- 学会让自己的内心强大起来，自觉预防犯罪。

3. 价值目标
- 认同犯罪行为是严重危害社会的行为，谴责犯罪行为。
- 认同学习法律知识的必要性和重要性，形成自觉学习并关注法律问题的积极性。

学习重点 XUEXI ZHONGDIAN

- 了解犯罪与刑罚。
- 青春拒绝犯罪。

学习难点 XUEXI NANDIAN

- 理解正当防卫的构成条件。

新课导入

许霆原本是一个在广州打工的青年。2006年4月21日晚10时，被告人许霆来到广州天河区黄埔大道某银行的ATM取款机取款。结果取出1 000元后，银行卡账户里只被扣了1元，许霆先后取款171笔，合计17.5万元。许霆潜逃一年后被抓获，2007年11月，广州市中院以盗窃金融机构罪判处其无期徒刑。许霆利用银行自动柜员机ATM取款案，被广州市中级人民法院重审后，对此案公开做出宣判：以盗窃罪判处许霆有期徒刑5年，并处罚金2万元；继续追缴许霆未退还的犯罪所得173 826元。许霆当庭表示不服判决，提起上诉。广东省高级人民法院2008年5月22日对许霆涉嫌盗窃金融机构案进行二审开庭审理，并当庭做出裁定，驳回许霆上诉，维持原判，许霆仍获刑5年，并处罚金2万元，继续追缴非法所得173 826元。

【议一议】

☆在这个案例中，许霆被判了较重的刑罚，原因何在？

☆究竟什么样的行为才构成犯罪？

一、懂得犯罪后果

（一）了解罪与罚

犯罪是最严重的违法行为。未成年人犯罪给我国的未来国民素质投下了一道阴影。一旦犯罪，就会受到严厉的法律制裁，留下终生难以洗刷的污点。因此，犯罪是我们成长道路上最凶险的陷阱。

犯罪是具有严重的社会危害性、触犯了刑律、应当受到刑罚处罚的行为。

社会危害性、刑事违法性和应受刑罚处罚性是犯罪的三个基本特征。

案例分析

伟海是家里最小的儿子，父母对他娇生惯养、百依百顺。从小，伟海就骄横跋扈，欺邻骂众。初中毕业后，伟海不再上学，整天和一群坏朋友结伙打架赌博，无恶不作。一旦赌输，就管父母要钱。父母稍有怨言，伟海就破口大骂，甚至大打出手。父母和两个哥哥曾多次规劝，都不见效。一次，伟海喝醉酒后，遭到母亲训斥，伟海将母亲毒打一顿后躺倒睡着。忍无可忍的父母决定除掉这个"祸害"，于是合力将伟海勒死，随后投案自首。案发后，全村的村民联名上书政法机关，称伟海的父母"大义除恶子"，请求对其宽大处理。法院经审理认为，伟海父母的行为已触犯刑

律，构成故意杀人罪，应予惩处。考虑到伟海生前作恶多端，被告人在出于义愤的情况下方采取故意杀人行为，且作案后能主动投案自首，可以依法减轻处罚。最后法院以故意杀人罪判处伟海的父母有期徒刑3年。

【想一想】

☆伟海父母的行为有社会危害性吗？

☆你认为法院的判决正确吗？为什么？

刑罚是国家审判机关依法对犯罪分子适用的最严厉的强制性法律制裁方法，是对付犯罪的主要工具。刑罚的严厉性是其他处罚方法不可比拟的，它不仅可以剥夺罪犯的财产和资格，还能限制或剥夺罪犯的自由甚至生命。

我国的刑罚分为主刑和附加刑。

主刑是对犯罪分子适用的主要刑罚方法，只能独立适用，不能附加适用。主刑分为以下几种：

1. 管制

管制是一种最轻的主刑，是由人民法院判决，对犯罪分子不予关押，但限制其一定自由，由公安机关执行的一种刑罚。管制的期限为3个月以上2年以下，数罪并罚时管制最高不超过3年。

2. 拘役

拘役是短期剥夺犯罪分子的人身自由，并就近执行的一种刑罚。拘役的期限为1个月以上6个月以下，数罪并罚时拘役最高不超过1年。拘役由公安机关设立的拘役所执行。

3. 有期徒刑

有期徒刑是剥夺犯罪分子一定期限的人身自由，并强制其劳动改造的一种刑罚。它既可使用罪行较重，又可适用罪行较轻的犯罪分子，是我国刑罚中适用最广泛的一种刑罚。有期徒刑的期限为6个月以上15年以下，在数罪并罚情况下，可以到20年。

4. 无期徒刑

无期徒刑是剥夺犯罪分子的终身自由，并强制其劳动改造的一种刑罚。如果犯罪分子接受教育和改造，符合法定条件的，可以减刑或者假释。在国家发布特赦令的情况下，符合特赦条件的也可被特赦释放。

5. 死刑

死刑是剥夺犯罪分子生命的一种刑罚，是我国刑罚体系中最严厉的一种刑罚，适用于罪行极其严重的犯罪。在犯罪的时候不满18周岁或审判时已怀孕的妇女，不适用死刑。罪当处死的犯罪分子，但不是必须立即执行的，可以在判处死刑时同时宣告缓期两年执行。

6. 附加刑

附加刑是补充主刑的刑罚。它既可以作为主刑的附加刑适用，也可以独立适用。附加刑适用时，一个主刑可以适用一个附加刑，也可以同时适用两个以上的附加刑。独立使用时，附加刑适用于较轻的犯罪。附加刑分为：

（1）罚金。罚金是人民法院判处犯罪分子和犯罪单位向国家缴纳一定金钱的一种刑罚。罚金在判决指定的期限内一次或者分期缴纳。期满不缴纳的强制缴纳；对于不能全部缴纳罚金的，人民法院在任何时候发现被执行人有可以执行的财产，就要随时追缴。

（2）剥夺政治权利。这是指剥夺犯罪分子参加国家管理和政治活动权利的一种刑罚。包括剥夺选举和被选举权；剥夺言论、出版、集会、结社、游行、示威等自由权利；剥夺担任国家机关职务的权利。

（3）没收财产。没收财产是将犯罪分子个人所有财产的一部分或全部强制无偿地收归国有的一种刑罚。没收全部财产的，可以对犯罪分子个人及其抚养的家属保留必需的生活费用。

（二）刑罚的作用

案例分析 ◇ ◇ ◇

2010年10月20日23时许，时年22岁，西安音乐学院钢琴系大三学生药家鑫驾驶红色雪佛兰小轿车从西安外国语学院长安校区返回西安，当行驶至西北大学长安校区西围墙外时，撞上前方同向骑电动车的张妙，后药家鑫下车查看，发现张妙倒地呻吟，因怕张妙看到其车牌号，以后找麻烦，便产生杀人灭口之恶念，遂从随身背包中取出一把尖刀，上前对倒地的被害人张妙连捅数刀，致张妙当场死亡。杀人后，被告人药家鑫驾车逃离现场，途中再次将两行人撞伤，后交警大队郭杜中队将肇事车辆暂扣待处理。2010年10月23日，被告人药家鑫在其父母陪同下到公安机关投案。经法医鉴定：死者张妙系胸部锐器刺创致主动脉、上腔静脉破裂大出血而死亡。

【议一议】

☆讨论这个案例，如果你身为法官，你会如何审判这个案子？

☆如果你是药家鑫的同学或朋友，你希望案子如何判决？

☆如果你是张妙的家人，你觉得案子如何判决才公平？

犯罪是对人类文明的挑衅，是侵害社会健康肌体的毒瘤。与犯罪作斗争向来是刑法的天职。通过打击各类犯罪，刑法发挥了多方面的积极作用。

1. 惩罚犯罪，保护人民

惩罚犯罪、保护人民是刑法的基本任务。犯罪的社会危害性比其他违法行为都要严重，仅仅运用行政处罚、经济处罚、民事赔偿等手段远远不够，必须用最严厉的国家制裁方法即刑罚进行惩罚，不仅使犯罪者丧失再犯的能力，而且使他们在生理上和心理上感到莫大的痛苦和耻辱，从而立志改邪归正，以免再次遭受类似的痛苦。

惩罚与保护是紧密联系的两个方面。惩罚不是目的，而是手段。刑法通过惩罚犯罪，最终要达到保护国家和人民利益的目的。其中，国家安全是国家生存和发展的根本前提，是刑法保护的首要对象；公私财产权既是进行社会主义建设的重要物质基础，也是我们生产、生活、工作不可缺少的物质条件，同样是刑法保护的重点对象；公民的人身权是与我们日常生活关系最密切的权利，也是最易受到犯罪侵害的权利，刑法对这类犯罪的严厉打击突出表现了它保障人权的作用；稳定的政治环境和良好的社会秩序是建设和谐社会的基础，刑法正是维护社会秩序、稳定社会环境的强有力的法律武器。

2. 震慑潜在的犯罪人，使他们不敢轻易以身试法

有些人虽然暂时没有实施犯罪，但总是伺机而动。当他们看到犯罪分子受到刑罚处罚后，会认识到刑罚的威力，从而悬崖勒马，改邪归正。

3. 教育、鼓励人们与犯罪行为作斗争

当我们看到犯罪分子被绳之以法、受到刑罚制裁时，我们会更深切地认识到什么是法律允许的，什么是法律禁止的，从而自觉遵纪守法；我们会打消后顾之忧，勇于同违法犯罪行为作斗争。

4. 维护社会的公平和正义

一个和谐的社会应该是公平正义、安全有序的社会，而犯罪是对社会公平和正义的公然蔑视，是对社会秩序的严重破坏。如果说法律是维护公平和正义的利剑，刑法就是这柄利剑的剑刃，它通过对犯罪最严厉的打击，最有效地换来公平和正义。社会越是和谐，越离不开法律，更离不开刑法。

二、善同犯罪斗争

（一）青春拒绝犯罪

你觉察到了吗？正处于青春期的我们身上发生了不少变化：

◆ 我们长高了，体重也增加了；

◆ 我们出现了第二性征，一种特殊的情感开始萌动；

◆ 我们的运动能力明显增强，浑身有使不完的劲；

◆ 我们的独立意识和自我意识越来越强；

◆ 我们越来越叛逆；

◆ 我们的自尊心越来越强；

◆ 我们很爱冲动；
◆ 我们对很多事情产生不满；
◆ 我们更渴望得到同龄人的友谊。

【议一议】
你能想到这些美妙的变化会与犯罪有密切的关系吗？请分析以下这个案例。

案例分析

某校17岁学生吕某在市内一家超市购物时，因偷拿一支钢笔被保安当场抓获。事后，吕某为报复拨通超市电话扬言："当晚7点，超市地下停车场将发生爆炸。"为保证安全，当晚超市提前结束营业，造成14万元经济损失。当地人民检察院对吕某提起公诉。被告人吕某因犯编造、故意传播虚假恐怖信息罪，被人民法院判处有期徒刑3年，缓期3年执行。可见，对法律的无知就会引起行为的偏差，只为了实施报复，没想到就触犯了法律。这位同学的惨痛教训，值得我们深思和警醒。

我们正处在一个危险的年龄，稍有偏差，就可能陷入犯罪的泥潭不能自拔。一些人走上犯罪道路，家庭、学校和社会固然有责任，但外因只有通过内因才能起作用，更主要的原因还在自身。青春期成为犯罪的高发期，一方面是由于未成年人的生理和心理发生了巨变，另一方面是由于在思想道德品质和法律观念上存在严重欠缺。

青春期的我们，虽然外表日益接近成人，但生理的成熟与心理的成熟并不同步：我们的独立意识增强了，凡事要求自己做主，不再像小时候那样对家长和老师言听计从，但我们的独立判断能力并不强，容易轻信网络、坏书的不良信息，并受其影响；我们的自尊心增强了，无法忍受任何有伤自尊的事，有时为维护自尊，有人可能不惜一切，甚至违法犯罪；我们更渴望友谊，自己的心事不愿告诉家长或老师，喜怒哀乐都要与同龄人分享，但是同龄人的不良行为容易影响我们，很容易被拉下水；我们有了性意识，有时难以从正常渠道获取这方面的知识，受不良书刊或淫秽光盘的影响，个别人走上犯罪道路；我们有强烈的好奇心和求知欲，但辨别能力不强，容易受到不良风气和不良文化的诱导，容易受坏人的拉拢和教唆；我们热情冲动，注重感情，但头脑一热，容易不计后果，引发激情犯罪。

个别未成年人走上犯罪道路的原因，与他们错误的人生观、道德观、法制观有着密不可分的关系。

个别未成年人有着腐朽没落的人生观。他们或者极端利己，享乐至上，为了吃喝玩乐，不惜偷抢拐骗，拦路抢劫，用不义之财大肆挥霍，寻欢作乐；或者对一切不满，悲观颓废，自

暴自弃，最终在腐朽没落的生活中坠入犯罪的深渊。

个别未成年人有着错误甚至颠倒的道德观。他们不分善恶，不辨是非，不知美丑，将"打架不怕死"当成勇敢，将"为朋友两肋插刀"当成互助，将"哥们儿义气"当成友谊，将无法无天当成自由。他们嘲笑一切美好的事物，沉醉于不健康的兴趣爱好之中，最终糊里糊涂地将自己送进了监狱。

个别未成年人有着不健全的法制观念。许多未成年罪犯，或者因不知法律为何物，是彻头彻尾的"法盲"；或者虽然知道法律，但视法律如无物，将遵守法律当成"胆小怕事"，将违法犯罪视为"有胆有识"，直到被绳之以法、真正认识到法律的威严时，才追悔莫及。

针对未成年人的特殊性，社会和法律往往给予更多的宽容。在我国，为自己的危害行为负刑事责任要受到年龄限制，没有达到法律规定的年龄不负刑事责任。针对未成年人的身心特点、犯罪原因，刑法规定了未成年人犯罪承担刑事责任的特殊原则，以最大限度地教育和挽救走上犯罪道路的未成年人。

未成年人违法犯罪的教训，让我们深切地体会到，路是人走的，时光不倒流，事后后悔为时已晚。青春拒绝犯罪，关键在自己走好人生路。

（二）有勇有谋，应对犯罪

【想一想】 日常生活中，如果你遇到侵害他人的犯罪，你会挺身而出吗？说说你的理由。

树立正确的人生观，加强道德和法律修养，培养严格的自控能力，可以让我们远离犯罪的泥潭，但不能确保我们不受犯罪的侵害。遭遇犯罪，有的人无动于衷，有的人忍气吞声。殊不知，软弱和怯懦只会纵容犯罪，使犯罪分子更猖狂。有的人当面不反抗，事后以牙还牙，最终把自己从受害者变成害人者，令人惋惜。见义勇为、匡扶正义，向来是中华民族的传统美德，今天更是法律赋予我们的权利。见义勇为不仅有助于预防犯罪、打击犯罪，更弘扬了社会正气，是我们面对犯罪时应当做出的正确选择。

为了打击犯罪分子的嚣张气焰，鼓励广大公民积极同违法犯罪作斗争，我国刑法规定了正当防卫制度。为了使国家、公共利益、本人或者他人的人身、财产和其他权利免受正在进行的不法侵害，对不法侵害者实施的必要的防卫行为，属于正当防卫。

案例分析

方伟放学回家路过超市时，看见几个员工正在追赶一名小偷。疾恶如仇的方伟迅速追了上去，很快抓住小偷。这时超市的员工也赶来了。在方伟的号召下，大家不顾小偷一再求饶，将小偷痛打了一顿。小偷受伤过重，经抢救无效死亡。检察机关以故意伤害罪对方伟提出起诉。方伟感到不解，也很委屈。他说："法律不是鼓励我们同犯罪作斗争吗？明明是小偷犯了罪，怎么反倒起诉我呢？"

【议一议】

☆ 你认为检察机关起诉方伟有道理吗?

☆ 方伟的行为构成正当防卫吗?

为了防止正当防卫被随意滥用,造成不应有的损害,刑法规定,正当防卫必须符合一定的条件:一是必须针对不法侵害,才能实行防卫;二是防卫行为必须对正在进行的不法侵害才能实施,如果不法侵害还没开始或者已经结束,就不能再进行防卫了;三是防卫必须是对不法侵害分子本人实施,不能对没有实施不法侵害的第三人实施;四是必须是为了保护合法权益不受侵害才能实行防卫,不能故意挑起别人对自己进行攻击,然后以"正当防卫行为"为借口加害别人;五是防卫行为不能超过必要限度,对不法侵害人造成重大损害。只有同时符合这些条件,正当防卫才能成立;如果不符合正当防卫的条件而造成损害,就要承担刑事责任。

案例分析

17岁的职校学生区志放学骑车回家,在一个路口发现8个手执凶器的歹徒正挟持两名手无寸铁的少女。区志挺身而出,义正词严地说:"你们凭什么欺负两个弱女子!"说完上前去拉那两名女孩。歹徒见有人胆敢呵斥自己,就给了区志一个耳光,并疯狂地吼道:"滚开!少管闲事,不然老子的刀可不长眼!"区志没有屈服,还击一拳,继续去拉两名女孩。穷凶极恶的歹徒拔出刀子向区志身上乱扎,鲜血喷涌而出,区志成了血人,但他还是冲向歹徒,一直追了30米,才倒在血泊中;后经抢救无效,区志壮烈牺牲。

【议一议】

☆ 你如何评价区志的行为?

☆ 如果你是区志,会怎样做?

见义勇为是高尚的品质,理应得到全社会的褒扬和敬佩。然而,犯罪分子往往既凶狠又狡猾,我们身为未成年人,体力不具优势,如果鲁莽行事,不仅自己极易受到伤害,更不利于制止犯罪。因此,在面对犯罪时,我们不仅要勇于斗争,还要善于斗争。有勇有谋,才能最有效地打击犯罪。

小结 XIAOJIE

目前,人们将青少年犯罪、吸毒和环境污染并称为"三大公害"。未成年人犯罪已成为一个不容忽视的社会问题,要预防青少年犯罪,把他们塑造成祖国的栋梁之材,

仅进行德育教育是不够的,同时还要进行法制教育,特别是刑法知识教育,要将法制教育融入对青少年的素质教育之中,让青少年掌握基本法律知识,具备法制观念和法律意识,遵纪守法,会运用法律保护自身合法权益不受侵害,预防违法,远离犯罪,健康成长。

活动天地

【活动设计】

活动1:请你根据所掌握的法律知识,以小组合作的方式,出一期"预防未成年人违法犯罪"为内容的法制宣传小报。

活动2:讨论分析:联系所学的知识,你认为青少年如何才能养成良好的行为习惯?

活动3:组织一次法制宣传教育活动。

活动4:组织一次模拟法庭。

专题五

增强自律能力

学习目标 XUEXI MUBIAO

1. 知识目标
- 知道自律的具体表现为自爱、自省和自控；自律对青少年的成长和发展，具有重要意义。
- 自由与纪律缺一不可，讲自律，守纪律，得自由。

2. 能力目标
- 能够用自己的努力去美化自己的内在形象和外在形象，反省自己的行为，发扬优点，克服缺点，养成遵守纪律的良好行为习惯。
- 掌握一定的自律方法，有实行自我监督的意识和能力。

3. 价值目标
- 通过自律地学习，努力塑造美好形象，热爱生活，珍惜生命，在日常生活中自觉遵守纪律，努力提高自律的自觉性。
- 运用自律的一些基本方法，使自己逐步成为有优秀心理品质和高尚道德情操的人。

学习重点 XUEXI ZHONGDIAN

- 自爱是自律的最重要的表现。
- 自律使人优秀起来。
- 能自律，守纪律，得自由。
- 自省法。

学习难点 XUEXI NANDIAN

- 养成自律的习惯。

刘备自省

赤壁之战后,刘备设宴劳军,酒酣之际,刘备与副军师中郎将庞统言语不和,刘备发怒,责问并驱赶庞统:"汝言何不合道理?可速退!"夜早酒醒,刘备想起自己所说的话,大悔,次早穿衣升堂,请庞统谢罪曰:"昨日酒醉,言语触犯,幸勿挂怀。"庞统谈笑自若。玄德曰:"昨日之言,惟言有失。"庞统曰:"君臣俱失,何独主公。"玄德亦大笑,其乐如初。本来,酒醉失言,虽然不好,但也算不得什么大错。刘备事后却一再自责,这是他自省的结果。

一、自律

我们青少年一代,是跨世纪的一代,我国要在下个世纪中叶实现社会主义现代化这一宏伟目标,需要我们青少年的努力奋斗。因此,我们在努力学习科学文化知识的同时,必须加强自身的修养,严格自律,增强自律的能力。

(一) 自律的含义

所谓自律,就是针对自身的情况,以一定的标准和行为规范指导自己的言行,严格要求自己和约束自己。

(二) 自律的具体表现

1. 自爱

自爱就是自己爱护自己,具体来说,就是要塑造自己良好的形象,珍惜自己的名誉,珍爱自己的生命。

俗话说:"站要有站相,坐要有坐相。"这里所说的相,指的就是形象。它告诉我们,坐、站都要注意自己的形象,也就是说,一个人时时刻刻都应该按照一定的标准来塑造自己的形象。

一个人的形象,既有外在的方面,也有内在的方面。外在形象是看得见、听得到的,是有形地表露在外面的气质。例如:你的相貌、身材、穿着打扮、言谈举止,等等。内在形象则表现的是比较深层的气质。例如:你的性格、理想、品德、学识、情操、心理,等等。

美化外在形象和内在形象都有各方面的要求,对于我们技校生来说,穿着打扮应该质朴庄重、大方得体,符合技校生的身份,言谈举止文明有礼,学习勤奋,积极向上,有良好的心理品质和道德情操,有鲜明、和谐的个性,有远大的理想,等等。可

见，自爱首先是要为自己塑造良好的形象。

名誉就是名声，它是社会或他人对你的评价，是一个人尊严的象征。珍惜自己的名誉是中华民族的传统美德，它要求我们在任何时候都不允许自己的言行玷污自己的名誉和形象。

而生命，她是宝贵的，对每个人都只有一次，她不仅仅属于你自己，还属于你的家庭、国家和社会，因此要珍惜她，在任何艰难困苦的环境下，都要热爱生活，热爱生命，这是对自己、家庭、国家和社会有责任感的表现。

2. 自省

省，就是检查自己的思想和行为。

通过经常地、冷静地回顾自己的思想和行为，寻找自己的缺点和错误，就叫作自省。

"金无足赤，人无完人"，世界上没有十全十美的人，每个人都会有缺点和错误。一个自律的人应该经常检查自己，对自己的言行进行反省，纠正错误，改正缺点，这是严于律己的表现，是不断取得进步的重要方法和途径。有错误或缺点并不可怕，可怕的是无视它，不去改正它。

作为技校生，我们应该检查、反省自己每天的表现，严格要求自己，发现不足之处，就要改正过来，不断地完善自己，千万不要有错不改，那将后患无穷。

【名人名言】

"过而不改，是谓过矣"。

——孔子

3. 自控

能够自律的人，还应该是善于自控的人。

自控，即自我控制，就是自我监督、自我引导、自我催促的心理过程。

有时候，你也觉察到了自己的弱点，也知道这样做不好、不对，可是你就是控制不了自己，而事后又自己埋怨自己。

确实我们很多人都有过这样的情况，例如：上课随便说话、抄作业、随地吐痰、不做值日、抽烟等，自己也知道这样做不好，可就是控制不了自己。可见，有时候我们最难对付的敌人是我们自己，是自己的缺点、不良习惯以及惰性。自控可以帮助我们改正自己的缺点，克服惰性和不良习惯，使我们向着自己的目标前进。

二、自律使人优秀起来

自律的作用和意义主要体现在以下几个方面：

（一）自律使人能够自知

自知，就是能够自己认识自己。"人贵有自知之明"，我国春秋时期著名的哲学家

和思想家老子认为，一个人能够认识他人，是智慧的表现；而能够认识自己，才是真正的聪明。当局者迷，旁观者清。要做到有自知之明是很不容易的，但自律能使人自知。

知识链接

人们大都知道一句出自唐代的名言："水能载舟亦能覆舟。"统治者的政权承载者是民众，颠覆者也是民众。这是在告诫至高无上的皇帝要自省自律。统治者如何才能稳坐豪舟之中，驾舟的思想认识很重要。在《贞观政要》中有这样一段话：诚能见可欲则思知足以自戒，将有作则思知止以安人，念高危则思谦冲而自牧，惧满溢则思江海下百川，乐盘游则思三驱以为度，忧懈怠则思慎始而敬终，虑壅蔽则思虚心以纳下，惧谗邪则思正身以黜恶，恩所加则思无因喜以谬赏，罚所及则思无因怒而滥刑。总此十思，兹九德，简能而任之，择善而从之，则智者尽其谋，勇者竭其力，仁者播其惠，信者效其忠。这一段话原出自魏征谏唐太宗的《十思疏》，被吴兢收入《贞观政要》。这段话可以说是对唐太宗提出的十项时常自我检讨的要求。这些要求不是随便哪个人都能轻易做到的。但是，唐太宗却能常以此自省。魏征一生向唐太宗提过几百条建议，绝大多数都被采纳。当魏征晚年病重卧床，唐太宗仍致诏魏征：不见数日，忧愤甚深。自顾过已多矣，言已失矣，行已亏矣……意思是说几天没有你在身边，我的行为或决策就已经有了失误……唐太宗时期官府的风气较为清廉，应该说与此有很大关系。

我们要认识自己，就要严格要求自己，并善于通过对照他人来对照自己，以人为鉴。古人云："见贤思齐焉，见不贤而内自省也。"这句话的意思是说，看见先进模范人物，就要向他们学习，向他们看齐；看到别人的不足之处或缺点，就要扪心自问，检查对照自己有没有类似的毛病和不足，避免重蹈覆辙，这样我们才能不断地吸取他人的长处，克服和纠正自己的不足，不断提高自己。

活动天地

【想一想】 你认识自己吗？请拿出纸和笔，写一写你的优点和缺点或不足。

（二）自律使人养成良好的行为习惯

仔细观察一下你身边的同学，你就会发现：有的同学每天来校都很早，从来不迟到；有的同学则经常迟到。有的同学作业写得很工整，错误很少；有的同学的作业字迹潦草，频繁地出错；还有的同学经常抄作业或不交作业。有的同学上课时听课很认

真，积极思考并回答老师提出的问题；而有的同学上课不是说话，就是做小动作，或者东张西望。中午在学校的餐厅吃饭时，有的同学很少剩饭剩菜；有的同学的饭盒里、饭桌上剩饭剩菜一大堆。做值日时，有的同学打扫得很干净，非常认真；有的同学做得马马虎虎；还有的同学则根本不做，一到做值日，就想方设法溜走，等等。

从以上这些现象中，你可以看出每个人都有很多的习惯，其中有的习惯是良好的，有的习惯是不良的。

习惯不是天生的，而是后天养成的。当一个人养成一种习惯后，就会自然而然地去做，这就是我们通常所说的"习惯成自然"。而当一种习惯形成后，要改变它，将是很困难的，甚至是很不愉快的。例如：你早已养成了晚上睡觉前刷牙的好习惯，那么每天晚上你就会自觉地、愉快地去做这件事情。相反，如果你养成了每天晚上睡觉前不刷牙的习惯，现在家长要求你改变这一习惯，晚上睡觉前要刷牙，那么你会感觉怎么样呢？

首先，你会感到不自然、不习惯；其次，有时候你会不自觉，需要别人提醒；再次，当别人提醒你，你不得不做时，你可能会不愿意，或者感到很不愉快，很烦躁。

可见，当一种习惯形成后，要改变它是很麻烦的。因此我们应该严格要求自己、约束自己，自觉地、有意识地培养良好的行为习惯，防止养成不良的习惯。而一旦养成了不良的习惯，一定要增强自律能力，尽量去改变它，使自己成为一个有良好习惯的、受人欢迎的人。

（三）自律使人学会战胜自己

对于我们每个人来说，有时候，最大的敌人就是自己。在生活中，我们时时、处处、事事几乎都有战胜自己的任务。

一个人要战胜"自己"是很难的，而要战胜自我，就需要了解自我，知道自己的长处和不足，同时严格要求自己，尽量发挥自己的优点，克服和纠正自己的不足。战胜自我要有恒心和毅力，同时要防止旧病重犯。

（四）自律使人身心健康，助人建立良好的人际关系

每个人都希望自己身心健康，理想的人应是品德、才干、健康三位一体的人，在这三者中健康可以说是人的"第一财富"。一个身体、心理健康的人，才能充分地施展自己的才华，更好地造福于社会和人民，所以我国古代就对健康之道非常重视，提出了心理修养和生理修养的许多方法，其中方法之一就是自律。

任何人都是社会中的人，都要在社会中生活、学习、工作，因此不可避免地要同他人交往，也需要同他人打交道。在家里，你要同父母和其他亲人交往；在学校，你要同老师、同学打交道；在社会上，要与各行各业的人交往。有人统计，在一个人的日常生活中，与人交往大约占了全部有效时间的70%。因此良好的人际交往是非常重要的。

【想一想】 人们相互交往是有一定要求的，请谈一谈：你希望和什么样的人交往？

你讨厌和什么样的人交往?

由于人与人的性格、年龄、爱好、家庭环境等多种因素不同,因而交往的要求也不同,但在交往中有的东西是共同的。一般来讲,大家愿意交往的人是有礼貌、有教养、尊重他人、关心他人、帮助他人、为人正直、诚实、热情、能体谅别人、宽容别人、富有同情心的人,等等;讨厌交往的人是:自私、傲慢、没有礼貌、为人虚伪、嫉妒心强、不尊重他人的人,等等。因此我们要使自己有良好的人际关系,在与人交往的过程中,就要严格要求自己,提高自律的自觉性。你要求或希望别人怎样做,自己首先应做到;凡是自己不喜欢做的,也不要要求别人去做,"己所不欲,勿施于人"。"你希望别人怎样对待自己,你就应该怎样对待别人"。这样,才能建立良好的人际关系。

(五)自律使人高尚起来

一个人高尚的品德,是在生活、学习、工作中不断地培养出来的。

【想一想】 请同学们说说:怎样使自己的品德高尚起来?

要使自己的品德高尚起来,就要落实到行动上,应该从多方面去努力,特别要从两个方面多努力。一是"积",即积累美德,通过长期的学习、自律、磨炼去培养好的道德品质;二是"防",即防微杜渐,预防和清除不良思想、不良习惯、不良风气的侵蚀和污染,自觉抵制和清除不良的影响。只有不断地提高自律的自觉性和能力,不断地陶冶自己的情操,培养优秀的品质,才能使自己成为一个高尚的人。

三、能自律,得自由

如果足球比赛没有规则,没有裁判,那么就会一片混乱,比赛将没法进行。从表面上看,裁判和规则好像限制了球员的自由,而实际上是保证了所有球员的自由和比赛的顺利进行。可见,真正的自由并不是随心所欲,想干什么就干什么。因为人类社会是一个人与人组成的整体,任何人都是社会中的人。因此任何人、任何事情都不可能孤立存在,你做某件事、说某句话,或采取某种行动,总会直接或间接地影响到其他人。因此,每个人的自由都要受到一定的限制,没有任何约束的自由是不存在的。

(一)不受任何约束的自由是不存在的

在社会公共生活中,要维持人们共同的学习、工作和生活秩序,必须有一定的约束力量来约束人们的行为,任何人的行动都要受约束,都是在一定条件下的自由。从广义上说,这种约束力量和条件就是纪律。

(二)纪律的含义

从广义上说,纪律就是社会生活中必不可少的,能够有效地保障人们正常地活动和生活的约束力量。

这种约束力量存在于社会生活的各个方面，虽然名称不同，有的叫规则、规定，有的叫守则、须知，等等，但都是人们社会公共生活中一种统一的行为准则。它规范着人们在生活中的各种行为，规定人们应该做什么，不能做什么；应该怎样做，不能怎样做。而且一旦确立，不管你是否愿意，都必须执行，不得违反。如果违反有关纪律，将受到相应的处理。

在不同的环境、不同的生活领域，我们扮演着不同的角色，因此要遵守不同的纪律。而且，在同样的范围内，纪律是普遍有效的，不能一部分人遵守，而另一部分人不遵守。

【想一想】

☆ 课堂纪律是全班同学都必须遵守的吗？

☆ 对于球队规则，球星也要遵守吗？

答案当然是肯定的，任何人都应该遵守自己所在领域、所在范围的纪律，这是有修养的表现。只不过，在纪律面前，人们的态度不一样，能够自律的人，往往自觉遵守；而自律能力不强的人，遵守起来往往有一定的难度，很勉强，很被动，有时甚至需要别人反复提醒。

（三）自由与纪律的关系

任何人的行动都要受到纪律的约束，没有绝对的自由。自由与纪律二者缺一不可，自由离不开纪律，纪律也离不开自由。

自由属于那些遵守纪律的人。在现代社会中，人们活动的范围在不断地扩大，自由也越来越多，受到的约束也就相应地增多了。只有养成了自律习惯的人，才不会感到纪律是对自己的一种约束，会严格地遵守它；并对违反纪律的现象表示不能容忍。

相反，缺乏自律意识和习惯的人，就会在一些所谓的"小问题"上放任自己，随心所欲，不守纪律。这样做的结果是，有的被批评或作一些轻微的处分；有的甚至酿成大错，造成不可挽回的损失，严重影响自己和他人的自由，甚至丧失自由。

案例分析 ◇ ◇ ◇

2006年1月9日，北京首钢实习司机因违反操作规程，驾驶车辆将两条220千伏的高压电线撞坏，事后引发相连的5条高压输电站跑闸断电，3座电厂停机，18座变电器组成的电路停止工作。造成西起首钢大院，东至天安门，南到前三门一站，北到香山的区域停电，100万市民笼罩在黑暗中，给首都经济和人们生活造成很大损失。

上述这个事例充分地告诉我们：一个人有了自律的自觉性和一定的自律习惯以及自律能力，就能严格遵守纪律，也就获得了行动自由所必需的条件；自由不是不受任何限制的放任，缺乏自律，放任自己，将丧失自由。

【想一想】 有人说："自律，不是束缚，而是解放。"你能用自己的体验说明这个道理吗？

四、养成自律习惯

我们都知道，一个人想要成就大业，必须立足于当前，脚踏实地，从一点一滴做起。我们要培养和提高自律的能力，养成良好的自律习惯，也应从点滴做起，一步一个脚印。培养自律的习惯，具体的方法通常有以下几种：

（一）自省法

通过经常地、冷静地回顾自己的思想和行为，发现自己的缺点和错误，就叫做自省。也就是说，通过自己内心的自我检查、自我分析、自我解剖，对自己的思想、心理、言行进行总结，找出自己的缺点和不足，明确今后要努力的方向。

每个人难免都有缺点和不足，也不可避免会犯错误。我们要树立崇高的人生理想，提高自己的道德水平，做到自律，必须在日常生活中经常反省自己，勇于自我批评。

【想一想】 你经常反省自己吗？主要采取的方法是什么？

不管你是否经常反省自己，只要你反省过，就应该得到表扬，因为你敢于面对自己，这是很了不起的，希望大家都能这样去做，而且能够经常坚持下去。

（二）自警法

自警就是针对自己的实际问题、实际情况，选择相关的名言、警句、格言，作为自己的座右铭，用以勉励自己、提醒自己、警诫自己。

很多对社会的进步和发展做出过突出贡献的人，都用这一方法勉励自己、提醒自己、警诫自己。

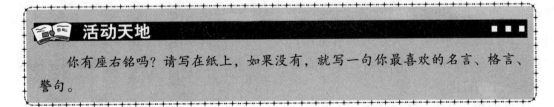

活动天地

你有座右铭吗？请写在纸上，如果没有，就写一句你最喜欢的名言、格言、警句。

（三）榜样法

从2008年四川汶川大地震和2010年青海玉树大地震的救援和灾后重建过程中，我们看到，我们的英雄是伟大的，英雄的亲人是伟大的；我们的子弟兵是伟大的，他们是新时期最可亲、最可敬、最可爱的人；我们的人民也是伟大的。正是这些平凡而伟大的人们，用他们的行动为我们上了生动的一课。使我们每个人的心里充满了感动，情不自禁，激动不已；也唤起了我们心中许多美好的感情。实际上，这种体验我们以前可能也有过，试想一想有没有这样的情况：当你读了某一本书或某一篇文章，看了某一部电视或电视剧，听了某一场报告或演讲，听了某一首歌曲或某一段音乐之后，你感到很激动。很多同学都有过这样的体验，榜样的力量是无穷的，他（她）激励着我们怎样去做人和做怎样的人，这就是榜样的作用。

活动天地

你有自己的榜样吗？请写一写。

如果没有，请为自己选择一个。选择自己学习的榜样，应注意针对自己的实际情况，也就是说应针对自己比较欠缺的地方；当然也可以是你特别崇拜、尊敬和佩服的人。

一旦你选择好了你学习的榜样，就要努力地向榜样学习，向榜样看齐，用榜样来对照自己，找出差距，使自己不断进步。

也许有的同学会说，榜样太高大了，离我们太远，有点高不可攀。实际上，并非如此。只要你仔细地观察，你的榜样也许就在你的身边。

【想一想】 古人云："三人行，必有我师。"你身边有没有值得你学习的人？

（四）慎独法

什么是慎独？慎独，就是一个人在没有别人在场和监督的情况下，也能够严格要求自己，谨慎地注意自己的思想和行为，实行自我监督，自觉地按照道德规范、行为规则去做，不做不符合道德的事。

一般来说，在众目睽睽之下，例如：在同学、朋友、老师、家人或其他亲戚在场或监督下，人们一般比较能够注意自己的言行；但是，当没有人在场或监督的时候，就容易放松对自己的要求，甚至有时会干出很不光彩的事情。所以做到慎独是很不容易的，也是非常可贵的。

慎独的关键在于要有很高的自觉性，人们常常把慎独作为道德修养的一种方法。能在一人独处的时候严格要求自己，值得我们敬佩，它表明这个人的道德修养已经达到了一定的高度。

请记住，不管在任何时候、任何地方，不论你做什么，都会有"天知、地知、我知"，因此应该不断锻炼自己的意志，时时、处处用道德规范约束自己的言行，养成自律的习惯。

小 结 XIAOJIE

通过本次课的学习，我们懂得了什么是自律，知道了作为一个自律的人应该自爱、

自省和自控；懂得了自律对青少年的成长具有重要的意义，它使人自知，养成良好的行为习惯，学会战胜自己，使人身心健康，助人建立良好的人际关系；自由并不是随心所欲，它总要受到一定的条件、一定的纪律的限制，自由和纪律缺一不可，绝对的、不受任何限制的自由是放任，不是真正的自由；我们还学习了怎样用自省法、自警法、慎独法、榜样法来提高自律能力。希望大家把这些方法运用到实际行动中去，培养和提高自己的自律能力。毛主席说过：世界是你们的，也是我们的，但归根到底是你们的，希望寄托在你们身上。相信你们在今后的学习、生活和工作中能够不断地磨炼自己的意志，优化自己的性格，陶冶自己的情操，自尊自信，严格自律，使自己成为适合现代社会生活的、祖国所需要的人才。

 探究实践

1. 你如何判断一个人是否具有自律能力？

2. 对照我校关于学生管理的相关规定，当你发现自己有缺点、有错误的时候，你该怎么做？

3. 今天轮到第三组值日了，可是组里的其他同学因为有事都走了，教室里只留下张三一个人，这时候张三的行为有三种可能：

A. 一个人把教室打扫干净；

B. 马马虎虎打扫教室；

C. 不打扫教室就回家去。

请思考：如果你是值日生张三，你会怎么做？请说明理由。

模块三　学习篇

> 我国古代有一个点石成金的传说。从前有一位仙人,他拥有令世人艳羡的仙术:手指轻轻一点,石头瞬间幻化成金。有一个小伙子看了倾心不已。但他却不要黄金,因为他知道,金子固然宝贵,但更宝贵的是获得金子的方法。同样,知识和能力固然重要,但更重要的是拥有获得知识和发展能力的方法。只有掌握科学的学习方法,我们才算找到了开启知识宝库的钥匙,才能在茫茫学海中自由遨游。

专题六

我的专业我喜欢

学习目标 XUEXI MUBIAO

1. 知识目标
- 能够了解职业兴趣的含义、职业兴趣在职业活动中的作用及职业兴趣类型。
- 阐明职业兴趣的影响因素。

2. 能力目标
- 通过学习，结合实际培养自己的职业兴趣。

3. 价值目标
- 认同职业兴趣对个人职业选择的影响。
- 树立良好的职业兴趣观念，端正学习态度，激发学习热情。

学习重点 XUEXI ZHONGDIAN

- 职业兴趣在职业活动中的作用。
- 培养职业兴趣的方法、途径。

学习难点 XUEXI NANDIAN

- 培养职业兴趣的方法、途径。

新课导入

抱着一颗正直的心，专心致志于事业的人，他一定会完成许多事业。

——赫尔岑

一位哲人曾经说过，选择职业是人生大事，因为职业决定了一个人的未来。铁

匠锤打铁砧,铁砧也锤炼铁匠;海蛤的硬壳在漆黑深邃的海洋里形成,人的心灵也受到生命历程的染色。因此,选择职业,就是选择未来的自己。然而,很多时候,我们学习的专业知识和职业理想相差甚远,我们期待的理想角色很难实现,是放弃现在的专业,选我所爱;还是培养职业兴趣,爱我所选?

案例分析

小林在初中时对电器就情有独钟,兴趣课也选择了电工操作。初三毕业时,在班主任老师的指导下报考了技校有关专业,兴趣引导他勤奋学习专业基础知识,刻苦操练专业技能。学习也使他对家电行业产生了更浓厚的兴趣,技校毕业时,他以优异的成绩被市某音响专卖店录用。小林为了更好地掌握音响原理,了解国外产品,他几年如一日,利用业余时间到音乐学院学习音乐知识,到外语学院提高外语水平,潜心钻研音响电器原理和调试维修技术。对音响的喜好、对职业的热爱,使他勤学好问,乐在其中。小林过硬的职业本领、热情的服务态度赢得了广大顾客的好评,他多次获得了"优秀共青团员""十佳商业营业员"等称号。

【议一议】
☆ 小林报考了技校的什么专业?他的职业兴趣是什么?
☆ 小林痴迷音响电器,赢得顾客好评给我们什么启示?
☆ 什么是职业兴趣?

一、职业兴趣的含义

兴趣是人们积极探索某种事物的认识倾向。职业兴趣是指人们对某种职业活动具有的比较稳定而持久的心理倾向。它是一个人探究某种职业或从事某种职业活动所表现出来的特殊个性倾向,它使个人对某种职业给予优先的注意,并具有向往的情感。

职业兴趣不同于日常生活中的兴趣爱好,它们所指的对象不同,兴趣的对象指向某种事物,职业兴趣的对象则指向某一职业。

【想一想】 职业兴趣与日常生活中的兴趣爱好有什么不同?

二、职业兴趣在职业活动中的作用

职业心理学家研究指出,一个人一生中选择什么样的职业,兴趣占主导地位,有时甚至比能力更重要。职业兴趣是人们职业活动的重要动力之一,是职业活动成功的

重要条件。

案例分析

> 李刚和张明是两位好朋友，对英语学习都有着浓厚的兴趣。老师几乎每天都能看见他们在校园的走廊下朗读英语，并练习用英语交流。可是过了一段时间，他只看见李刚继续学英语，而张明早已不见踪影。
>
> 老师忍不住问张明："怎么不见你学英语了呢？"
>
> 张明无奈地回答："这门课好难，我已经没兴趣了，不想学了。"
>
> 老师又去问李刚："学英语难吗？"
>
> 李刚："难。"
>
> 老师："那你还有兴趣吗？你为什么不放弃呢？"
>
> 李刚轻笑着说："我只想再坚持一下，也许会从中找到新的乐趣，果然，我找到了。"

【想一想】

☆ 从上面的对话中，你得到了哪些启示？

☆ 职业兴趣对职业活动有什么影响？

从上面的对话中同学们不难发现，对待学习只有初始兴趣是不行的，贵在持之以恒，要把初始兴趣变为永久兴趣。

技校生的职业兴趣从无到有，由不稳定到稳定，是一个变化发展的过程，兴趣影响职业定向和职业选择，能够激发人的潜能，是提高工作效率、促进事业成功的重要因素，可以增强人的职业适应性等。

（一）兴趣影响职业定向和职业选择

在求职中，人们常常会考虑到自己对某方面的工作是否有兴趣，兴趣是职业选择的重要依据；兴趣发展一般经历有趣、乐趣、志趣三个阶段，这三个阶段体现了人对事物的认识过程，是事物发展的不同层次，是由不稳定到稳定的认识过程和心理状态。

（二）兴趣能够激发人的潜能

苏联学者伊凡·叶夫里莫估计："人类平常只发挥了极小部分的大脑功能，如果人类能发挥大脑一半的功能，将轻易地学会40种语言，背诵整本百科全书，拿到12个博士学位。"由此可见，人脑的潜能很大，像个沉睡的巨人，等待我们去唤醒、去探索；苏霍姆林斯基说过："所有的智力活动都依赖于兴趣。"一个人对某工作感兴趣，会促使他充分调动整个身心的积极性，使精神饱满，智能和体能进入最佳状态，最大限度

地施展才华,挖掘潜力,发挥人的主动性和创造性来完成该项工作。

(三) 兴趣是提高工作效率、促进事业成功的重要因素

孔子说:"知之者不如好之者,好之者不如乐之者。"

曾有人进行过研究:如果你从事自己感兴趣的职业,则能发挥你全部才能的80%~90%,并能较长时间保持高效率而不感到疲劳;而对所从事工作缺乏兴趣,只能发挥你全部才能的20%~30%。从事感兴趣的职业不易疲倦,因为我们对它感兴趣,就会触动大脑皮层上的兴奋点,这样工作效率就会提高。兴趣是人们从事某种职业的动力,谁找到了自己最感兴趣的职业,谁就有可能踏上成功的大道。

(四) 兴趣可以增强人的职业适应性

广泛的兴趣可以使人从容应对繁杂多变的环境,即使人变换工作,也能很快地适应和熟悉新的工作。在职业兴趣的引导下,人会以一种乐观向上的态度面对自己所处的职业环境,尽一切努力去适应它,适应本职工作,进入自己的职业角色,使自己在职业活动中尽早摆脱一个新人的地位,以求得到更大的发展。

三、职业兴趣的影响因素

职业兴趣是以一定的素质为前提,在生涯实践过程中逐渐发生和发展起来的。它的形成与个人的个性、自身能力、实践活动、客观环境和所处的历史条件有着密切的关系,因此,职业规划对兴趣的探讨不能孤立进行,应当结合个人的、家庭的、社会的因素来考虑。了解这些因素,有利于深入认识自己,进行职业规划。

案例分析

张丽婷的父母都是做服装生意的,从小她就耳濡目染了许多"生意经"。亲戚们夸她是块做生意的料,她也很喜欢销售这个行业。初中毕业后,她选择了读职校学习销售,可是选择什么专业,她一时还没主意。这时,在汽车销售4S店工作的哥哥建议她选择汽车销售专业,哥哥不仅为她分析了汽车行业发展的前景,还带她到卖场实地体验了汽车销售的过程。张丽婷眼前一亮,"就是它了,将来我也要有自己的4S店。"她暗暗下定决心。

转眼间,张丽婷已是汽修商务专业二年级的学生了,学校正着手对学生进行实习推荐。张丽婷和几个同学被一同推荐到某汽车销售公司,实习的第一个任务就是参加各种专业培训,包括汽车知识、礼仪、销售技能等培训。培训期间,公司安排了许多理论和实践考核,让刚跨出校门的学生们倍感压力,加之公司地理位置较远,很多同学坚持不下去,主动放弃了实习机会,而张丽婷自始至终都热情饱满地投入

到培训中。在最后一次考核中,她以"我喜欢,我选择"为题深情地讲述了自己的职业理想,感动了每一位主考官。实习期满后,只有她被公司留下来,成为一名汽车销售职员。

两年过去了,张丽婷已成为该公司汽车销售经理,同时还负责新员工的培训工作。在每次新员工的培训动员大会上,她总会强调"兴趣是我们的好老师"。看来,她能有今天的成绩,兴趣功不可没。

【想一想】

☆ 张丽婷的职业兴趣是什么?

☆ 影响张丽婷职业兴趣的因素有哪些?

(一) 个人需要和个性

不管人的兴趣是什么,都是以需要为前提和基础的,人们需要什么,也就会对什么产生兴趣。由于人们的需要包括生理需要和社会需要或物质需要和精神需要,因此人的兴趣也同样表现在这两个方面。人的生理需要或物质需要一般来说是暂时的,容易满足。例如,人对某一种食物、衣服感兴趣,吃饱了、穿上了,也就满足了;而人的社会需要或精神需要却是持久的、稳定的、不断增长的,例如人际交往、对文学和艺术的兴趣、对社会生活的参与则是长期的、终生的,并且不断追求。兴趣是在需要的基础上产生的,也是在需要的基础上发展的。

有的人兴趣和爱好的品位比较高,有的人兴趣和爱好的品位比较低,兴趣和爱好品位的高低会受一个人的个性特征优劣的影响。例如,一个人个性品质高雅,就会对公益活动感兴趣,乐于助人,对高雅的音乐、美术有兴趣;反之,一个人个性品质低级,就会对占小便宜感兴趣,对低级、庸俗的文艺作品有兴趣。

(二) 个人认识和情感

兴趣不足是和个人的认识和情感密切联系着的。如果一个人对某项事物没有认识,也就不会产生情感,因而也就不会对它发生兴趣。同样,如果一个人缺乏某种职业知识,或者根本不了解这种职业,那么他就不可能对这种职业感兴趣。相反,认识越深刻,情感越丰富,兴趣也就越深厚。

例如,有的人对集邮很入迷,认为集邮既有收藏价值,又有观赏价值,它既能丰富知识,又能陶冶情操,而且收藏得越多,越丰富,就越投入,情感越专注,越有兴趣,于是就会发展成为一种爱好,并有可能成为他的职业。

(三) 家庭环境

家庭作为最基本的社会单元,对每个人的心理发展都产生重要的影响,因此对个人职业的心理发展具有很强的影响,家庭环境的熏陶对个人职业兴趣的形成具有十分明显

的导向作用。大多数人从幼年起就在家庭的环境中感受其父母的职业活动影响，随着年龄的增长，逐步形成自己对职业的认识，使得个人在选择职业时，不可避免地带有家庭教育的印迹。家庭因素对职业取向的影响，主要体现在择业趋同性与协商性等方面。

一般情况下，个人对于家庭成员特别是长辈的职业比较熟悉，在职业规划和职业选择上产生一定的趋同性影响，同时受家庭群体职业活动的影响，个人的职业生涯决策或多或少产生于家庭成员共同协商的基础上。兴趣有时也受遗传的影响，父母的兴趣也会对孩子有直接的影响。

（四）受教育程度

个人自身接受教育的程度是影响其职业兴趣的重要因素。任何一种职业从客观上对从业人员都有知识与技能等方面的要求，而个人的知识与技能水平的高低在很大程度上取决于受教育的程度。一般意义上，个人学历层次越高，接受职业培训范围越广，其职业取向领域就越宽。

（五）社会因素

一方面，社会舆论对个人职业兴趣的影响主要体现在政府政策导向、传统文化、社会时尚等方面。政府就业政策的宣传是主导的影响因素，传统的就业观念和就业模式也往往制约个人的职业选择，而社会时尚职业则始终是个人特别是青年人追求的目标。如当前计算机技术和旅游事业都得到较大发展，对这两个职业有兴趣的人也增加得很快。另一方面，兴趣和爱好是受社会性制约的，不同的环境、不同的职业、不同文化层次的人，兴趣和爱好都不一样。

（六）职业需求

职业需求是一定时期内用人单位可提供的不同职业岗位对从业人员的总需求量，它是影响个人职业兴趣的客观因素。职业需求越多、类别越广，个人选择职业的余地就越大。职业需求对个人的职业兴趣具有一定的导向性，在一定条件下，它可强化个人的职业选择或抑制个人不切实际的职业取向，也可引导个人产生新的职业取向。

（七）年龄的变化和时代的变化也会对人的兴趣产生直接影响

就年龄方面来说，少儿时期往往对图画、歌舞感兴趣，青年时期对文学、艺术感兴趣，成年时期往往对写作感兴趣。它反映了一个人兴趣的中心随着年龄的增长、知识的积累在转移。就时代来讲，不同的时代、不同的物质和文化条件，也会对人的兴趣变化产生很大的影响。

【议一议】

☆ 从张丽婷的事例中，你得到了哪些启示呢？

☆ 你的职业兴趣是什么？如果你的专业和职业兴趣不一致，你会怎么办？

张丽婷的故事告诉我们，职业兴趣是我们学习和工作的重要动力，它能极大地调

动我们的潜能，使我们长期专注于某一方向，并为此付出艰苦的努力，从而实现自己的职业理想。

然而，我们学习的专业有时会跟自己的职业兴趣出现偏差。如果不喜欢自己的专业，有的同学就会自暴自弃，荒废本专业的课程；有的同学则被动接受现实，失去学习的动力；而有的同学却在专业学习中重新找到了乐趣，并喜欢上了所学专业。那么，我们该怎么办呢？

> **活动天地**
>
> 列举我校的专业教学部以及专业，看看哪位学生了解的最多，可以进行小组比赛。

四、培养职业兴趣

（一）确立个人职业兴趣与社会需要相统一的观念，在学习中培养职业兴趣

社会的发展有其严酷的一面，优胜劣汰是竞争社会的一个法则，在培养职业兴趣的时候，不能闭门造车、夜郎自大，古语云："识时务者为俊杰。"当现实和我们的职业兴趣存在矛盾的时候，应该更加对职业兴趣加以调适，以适应社会发展。

很多时候我们不喜欢某个专业，可能是我们对该专业缺乏了解。既然我们选择了该专业，也就选择了给自己一个了解和喜欢它的机会，应积极主动地深入进行，或许你会发现一片从未领略过的新天地。

（二）学会在自己的专业中寻找职业兴趣

一个专业里可能有很多不同的方向，也许你会对其中的某些方向感兴趣。现在有很多专业发展了交叉学科，两个专业的结合往往是新的增长点，只要多接触、多尝试，你也许就会找到自己真正感兴趣的方向。

（三）广泛培养职业兴趣，适应职业发展的需要

在一个创新型的社会里，需要更多的知识和经验，所谓"条条大路通罗马"，培养广泛的兴趣有利于拓宽我们的视野，增进我们的经验，因而在职业活动中也可以从多方面得到启发，在职业选择、变动上有较大的余地。兴趣范围狭窄、涉足面小的人，对新事物的适应性就要差些，在职业选择上所受的限制也多些。

在学习专业知识的同时，我们可以开阔视野，接触更多的新领域，在职场中我们就拥有了更多的选择机会，我们的专业还可以成为我们在新行业中的优势。有一位工科专业的同学，想毕业后进入服务业发展，后来他在服务业中小有成就，并以精通技

术作为自己的特长。

因此，我们要珍惜职校学习期间的学习机会，加深对专业和职业的认识，不断学习新知识、新技术，在不断变化的职业世界里实现自己的人生价值。

五、职业兴趣类型

（一）社会型（S）

共同特征：喜欢与人交往、不断结交新的朋友、善言谈、愿意教导别人。关心社会问题、渴望发挥自己的社会作用。寻求广泛的人际关系，比较看重社会义务和社会道德。

典型职业：喜欢要求与人打交道的工作，能够不断结交新的朋友，从事提供信息、启迪、帮助、培训、开发或治疗等事务，并具备相应能力。如：教育工作者（教师、教育行政人员）、社会工作者（咨询人员、公关人员）。

（二）企业型（E）

共同特征：追求权力、权威和物质财富，具有领导才能。喜欢竞争、敢冒风险、有野心、抱负。为人务实，习惯以利益得失、权利、地位、金钱等来衡量做事的价值，做事有较强的目的性。

典型职业：喜欢要求具备经营、管理、劝服、监督和领导才能，以实现机构、政治、社会及经济目标的工作，并具备相应的能力。如项目经理、销售人员，营销管理人员、政府官员、企业领导、法官、律师。

（三）常规型（C）

共同特点：尊重权威和规章制度，喜欢按计划办事、细心、有条理，习惯接受他人的指挥和领导，自己不谋求领导职务。喜欢关注实际和细节情况，通常较为谨慎和保守，缺乏创造性，不喜欢冒险和竞争，富有自我牺牲精神。

典型职业：喜欢要求注意细节、精确度、有系统有条理，具有记录、归档、据特定要求或程序组织数据和文字信息的职业，并具备相应能力。如：秘书、办公室人员、记事员、会计、行政助理、图书馆管理员、出纳员、打字员、投资分析员。

（四）实际型（R）

共同特点：愿意使用工具从事可操作性工作，动手能力强，做事手脚灵活，动作协调。偏好于具体任务，不善言辞，做事保守，较为谦虚。缺乏社交能力，通常喜欢独立做事。

典型职业：喜欢使用工具、机器，需要基本操作技能的工作。对要求具备机械方面才能、体力或从事与物件、机器、工具、运动器材、植物、动物相关的职业有兴趣，

并具备相应能力。如：技术性职业（计算机硬件人员、摄影师、制图员、机械装配工）、技能性职业（木匠、厨师、技工、修理工、农民、一般劳动）。

（五）调研型（I）

共同特点：思想家而非实干家，抽象思维能力强，求知欲强，肯动脑，善思考，不愿动手。喜欢独立的和富有创造性的工作。知识渊博，有学识才能，不善于领导他人。考虑问题理性，做事喜欢精确，喜欢逻辑分析和推理，不断探讨未知的领域。

典型职业：喜欢智力的、抽象的、分析的、独立的定向任务，要求具备智力或分析才能，并将其用于观察、估测、衡量、形成理论、最终解决问题的工作，并具备相应的能力。如科学研究人员、教师、工程师、电脑编程人员、医生、系统分析员。

（六）艺术型（A）

共同特点：有创造力，乐于创造新颖、与众不同的成果，渴望表现自己的个性，实现自身的价值。做事理想化，追求完美，不重实际。具有一定的艺术才能和个性。善于表达、怀旧，心态较为复杂。

典型职业：喜欢的工作要求具备艺术修养、创造力、表达能力和直觉，并将其用于语言、行为、声音、颜色和形式的审美、思索和感受，具备相应的能力。如艺术方面（演员、导演、艺术设计师、雕刻家、建筑师、摄影家、广告制作人）、音乐方面（歌唱家、作曲家、乐队指挥）、文学方面（小说家、诗人、剧作家）。

通过今天的学习，我们对职业兴趣的含义、作用、影响因素、类型和培养等有了一定的了解，而且使同学们明白：要想在将来纷繁复杂的择业竞争中找到自己的位置，并取得成功，从现在开始应该立足专业，放眼未来，主动适应社会，自觉培养自己的职业兴趣。

探究实践

气质类型测评与职业适应度分析

目前最常用的气质分类方法源于古希腊著名医生希波克拉底提出的气质学说。根据该气质学说，人的气质分为胆汁质、多血质、黏液质、抑郁质。

以下是一套共60道题目的测试题，可帮助你确定自己的气质，培养适应岗位需求的气质，达到事半功倍的效果。请你实事求是地回答这些问题，怎么想就怎么回答，看清题目后请将分数按题号记入表3-1中，认为最符合自己情况的记2分；比较符合

的记 1 分；介于符合不符合之间的记 0 分，比较不符合的记 -1 分；完全不符合的记 -2 分。

1. 做事力求稳妥，不做无把握的事。
2. 遇到可气的事就怒不可遏，想把心里话说出来才痛快。
3. 宁可一个人干事，不愿很多人在一起做。
4. 到一个新环境很快就能适应。
5. 厌恶那些强烈的刺激，如尖叫、噪音、危险镜头等。
6. 和人争吵时，总是先发制人，喜欢挑衅。
7. 喜欢安静的环境。
8. 喜欢和人交往。
9. 羡慕那些善于克制自己感情的人。
10. 生活有规律，很少违反作息时间。
11. 在多数情况下情绪是乐观的。
12. 碰到陌生人觉得很拘束。
13. 遇到令人气愤的事，能很好地自我克制。
14. 做事总是有旺盛的精力。
15. 遇到问题常常举棋不定，优柔寡断。
16. 在人群中从不觉得过分拘束。
17. 情绪高昂时，觉得干什么都有趣；情绪低落时，觉得干什么都没有意思。
18. 当注意力集中于一事物时，别的事物很难使我分心。
19. 理解问题总比别人快。
20. 遇到不顺心的事从不向他人说。
21. 记忆能力强。
22. 能够长时间做枯燥、单调的事。
23. 符合兴趣的事，干起来劲头十足，否则就不想干。
24. 一点小事就能引起情绪波动。
25. 讨厌做那种需要耐心的、细致的工作。
26. 与人交往不卑不亢。
27. 喜欢参加热烈的活动。
28. 爱看感情细腻、描写人物内心活动的文学作品。
29. 工作学习时间长了，常感到厌倦。
30. 不喜欢长时间谈论一个话题，愿意实际动手干。
31. 宁愿侃侃而谈，不愿窃窃私语。
32. 别人说我总是闷闷不乐。
33. 理解问题常比别人慢些。

34. 疲倦时只要短暂地休息就能精神抖擞，重新投入工作。

35. 心里有事，宁愿自己想，不愿说出来。

36. 认准一个目标就希望尽快实现，不达目的，誓不罢休。

37. 同样和别人学习、工作一段时间后，常比别人更疲倦。

38. 做事有些莽撞，常常不考虑后果。

39. 别人讲授新知识、技术时，总是希望他讲得慢些，多重复。

40. 能够很快忘记那些不愉快的事情。

41. 做作业或完成一件工作时总比别人花费的时间多。

42. 喜欢运动量大的剧烈活动或参加各种文体活动。

43. 不能很快地把注意力从一件事转移到另一件事上去。

44. 接受一个任务后，就希望把它迅速解决。

45. 认为墨守成规要比冒风险强些。

46. 能够同时注意几件事物。

47. 当我烦闷的时候，别人很难使我高兴。

48. 爱看情节起伏跌宕、激动人心的小说。

49. 对工作抱认真谨慎、始终如一的态度。

50. 和周围人的关系总是相处得不好。

51. 喜欢复习学过的知识，重复做已经掌握的工作。

52. 喜欢做变化大、花样多的工作。

53. 小时候会背的诗歌，我似乎比别人记得清楚。

54. 别人说我出语伤人，可我并不觉得这样。

55. 在学习生活中，常因反应慢而落后。

56. 反应敏捷，大脑机智。

57. 喜欢有条理而不甚麻烦的工作。

58. 兴奋的事情常使我失眠。

59. 别人讲新概念，我常常听不懂，但是弄懂以后就很难忘记。

60. 假如工作枯燥无味，马上就会情绪低落。

表3-1　气质类型得分

	题号/得分													
胆汁质	题号	2	6	9	14	17	21	27	31	36	38	42	48	50	54	58	总分
	得分																
多血质	题号	4	8	11	16	19	23	25	29	34	40	44	46	52	56	60	总分
	得分																
黏液质	题号	1	7	10	13	18	22	26	30	33	39	43	45	49	55	57	总分
	得分																
抑郁质	题号	3	5	12	15	20	24	28	32	35	37	41	47	51	53	59	总分
	得分																

【具体测试方法】

(1) 将每题得分填入上表相应得分栏内。

(2) 计算每种气质类型的总分数。

如果某种气质的得分数均高于其他三种气质得分数4分，则可定为该气质类型的人。此外，该气质的得分数超过20分，则为该气质类型的典型型。如果得分在10～20分，为一般型。若两种气质的得分差异小于3分，又明显高于其他两种气质达4分以上，可判定为两种类型的混合型；同样，如果三种气质的得分高于第四种而且很接近，则为三种气质的混合型。

【气质类型分析】

(1) 胆汁质的特征及职业适应性。

特征：反应速度快，情绪兴奋性高，精力旺盛，控制能力差，不灵活，容易激动，急躁、易怒，情绪体验强烈而持久，直爽、热情。

职业适应性分析：从职业的角度看胆汁质人，他比其他气质的人要自由。胆汁质人最大的气质特征是外向、易动、有直觉性。胆汁质人最大的缺点就是一旦就职，往往对本职工作不那么专注，即使是深思熟虑后选择的工作，也没有为这一工作奉献全部身心的打算。因此，胆汁质人对政治家、外交官、商人等职业有适应性。

胆汁质人具有脱离社会生活的生命力。他们冷静地注视一切现实，对自己身边发生的事情，也是以旁观者的态度来对待。因此，他们对作家、记者、图案设计、实业、护士等职业也有适应性。

胆汁质人看起来与细致工作无缘，其实并不尽然。他们其中也有特别精细的人。不拘于眼前的胜负，而专注于行动，热情地向自己的极限挑战，这也是他们的特征之一。胆汁质的人只要干，在任何部门都可以显示出较强的适应性，特别在规划、广告、商业等方面更是如鱼得水，会取得显著成绩。典型人物如《三国演义》中的张飞、《水浒传》中的李逵等。

(2) 多血质的特征及职业适应性。

特征：反应敏捷，情绪兴奋性高，外部表现明显，性情活跃，善于交际，注意力和情绪容易转移。

职业适应性分析：多血质的人一般都充满自信、有活动能力，而且会越来越强。种种体验和锻炼都会成为有益的东西。所以从一定意义上说，多血质人对所有职业都有适应性。重大局、不贪小利、不感情用事等都是多血质人在气质方面的长处，他们具有较突出的外向性格，适于社交性强的工作，如政治家、外交家、商人、律师等。

多血质人对于新的环境适应能力较强，他们对谁都能坦诚对待。多血质人能适应社会进步，以发展的眼光进行谋划、设计。因此，他们对经商、计划、广告一类的职业适应性很强。典型人物如《水浒传》中的浪子燕青等。

(3) 黏液质人的特征及职业适应性。

特征：反应速度慢，情绪兴奋性较低，内倾性明显，安静、沉稳，自制力强，稳定性强，偏固执，冷静，外部表现少。

职业适应性分析：通常能依职业适应性选择工作的人是不多的，而且可选择的范围也较窄，但黏液质人在正确把握自己的适应性而选择职业方面成功率极高。有这样的例子：某人确实不适应某种职业，但他却做了并且取得了成功。这也许是他选择的职业足以使他引以为荣，于是克服了他的不适应之处。对缺乏适应性的职业进行挑战，也是发现新的适应性的方法。对于聪明的黏液质人来说，挑战也是一种生存方式。黏液质人的出色之处是他们大多数都能很好地利用协调性、积极性、社会性及感情稳定性表现自己的才能，发挥出卓越的能力。而且不论地位高低，都能在各自的行业中占有重要位置。

黏液质人能力不凡。他们不仅能从事学术、教育、研究、技术、医师等内向职业，而且可以活跃在政治家、外交官、商人、律师等外向型职业领域。他们以其独特的才能驰骋在作家、漫画家、艺术家、服装设计、广告宣传、新闻报道领域。

事实证明，在所有领域从事工作的黏液质人大都是优秀的，常常被认为是能人。在实际工作岗位上，黏液质人多数表现为精明强干，如出色的公务员、有才气的作家、头脑明晰的银行家等。典型人物如《三国演义》中的关羽、《水浒传》中的林冲等。

(4) 抑郁质的特征及职业适应性。

特征：反应速度慢，情绪兴奋性低，体验深刻，不灵活，好静，内倾，多愁善感。

职业适应性分析：抑郁质人最大的特征是内向、情绪化。抑郁质人无论从事什么职业，都能成为中坚分子，担当着重要的角色。

抑郁质人内心很孤独，很不擅长与人共事，因此，对于以人际交往为主的职业，如外交官、政治家、商人等外向性职业，抑郁质人都没有适应性和兴趣。而在需要一个人刻苦奋斗的学术、教育、研究、技术开发和医学等内在要求慎重、细致、周密思考的职业领域，抑郁质人会感到很适合。

抑郁质人有思考力、协调性，因此在会计、一般事务等方面适应性较强。在经济关系方面，他们适合承担记账、资金事务等工作；在总务关系方面，他们适合处理股份和法律事务的文书、后勤等工作；在人事劳务关系方面，适合承担组织管理和工资管理、教育训练等工作。典型人物如《红楼梦》中的林黛玉等。

以上介绍的是四种气质类型典型的表现。这四种人如果遇到相同的事情，其表现如何呢？苏联心理学家巧妙设计了"看戏迟到"的特定问题情境，对四种典型气质类型的人进行观察研究，结果发现，四种基本气质类型的观众，在面临同一情境时有截然不同的行为表现，气质使其心理活动染上了一种独特的色彩。

胆汁质的人面红耳赤地与检票员争吵起来，甚至企图推开检票员，冲过检票口，径直跑到自己的座位上去，并且还会埋怨说，戏院时钟走得太快了。

多血质的人明白检票员不会放他进去，他不与检票员发生争吵，而是悄悄跑到楼

上另寻一个适当的地方来看戏剧表演。

黏液质的人看到检票员不让他从检票口进去，便想反正第一场戏不太精彩，还是暂且到小卖部待一会儿，待幕间休息再进去。

抑郁质的人面对此情景会说，自己老是不走运，偶尔来一次戏院，就这样倒霉，接着就垂头丧气地回家了。

活动天地

我的理想职业

以小组为单位，每个小组选择一种职业进行表演。

（1）创设一个场景，写好剧本或台词。在表演中可以表现这个职业的任何方面，如工作场景、日常生活、与别人的关系、休闲时光等。

（2）表演可以再现职业的酸、甜、苦、辣各个方面，但不要丑化任何一种职业。

（3）由老师和全体同学共同评出最佳职业角色表演奖。

爱因斯坦曾说过："兴趣是最好的老师"。兴趣是打开知识大门的钥匙。兴趣对学生的学习有着神奇的内驱动作用，能变无效为有效、化低效为高效。只有学生对学习有了兴趣，才能从"要我学"变成"我要学"。

专题七
学习新概念

学习目标 XUEXI MUBIAO

1. **知识目标**
- 了解学习的内涵，懂得学习对个人人生的重要意义以及对提高个人素养的作用。
- 区别终身学习和传统学习的异同。

2. **能力目标**
- 通过学习，掌握学习的方法和技巧。

3. **价值目标**
- 树立正确的学习观念，明确学习目标。

学习重点 XUEXI ZHONGDIAN

- 学会学习。

学习难点 XUEXI NANDIAN

- 学会学习。

新课导入

> 人的天才只是火花，要想使它成熊熊火焰，那就只有学习！学习！
> ——高尔基
>
> 每天早晨醒来，非洲草原上的雄狮就知道必须拼命奔跑——它必须比跑得最慢的斑马快才能捕捉到猎物；每天早晨醒来，非洲草原上的斑马就知道必须拼命奔跑——它只有比跑得最慢的同伴快才能生存下来。这就是生物界的"红后效应"：必须竭力奔跑才能保住同一位置。"红后效应"在人类世界同样适用。在当今高速发展的信息时代，我们必须以更快的速度不断学习，才能跟上时代的步伐，在瞬间万变的社会中获得生存和发展。

一、学习的概念

学习是指通过阅读、听讲、研究、实践等获得知识或技能的过程。学习是人类（个体、团队或组织）在认识与实践过程中获取经验和知识，掌握客观规律，使身心获得发展的社会活动，学习的本质是人类个体和人类整体的自我意识与自我超越。

定义中强调以下几点：

（一）主体

学习的主体是人。

（二）性质

学习不仅是人类生存必需的行为，而且具有个体性行为、社会性行为的双重属性。

（三）内容

学习的内容是获取知识和经验，掌握客观规律来指导自身发展。

（四）目的

学习的目的和结果是使个体身心获得发展，不断实现自我意识与自我超越，这不仅是人类学习活动最本质的特征，而且是人类创造力的最根本的源泉。

二、学习的意义

（一）学习是个体生存和发展的必要手段

学习并非可有可无的奢侈品，而是生活不可或缺的必需品。

学习是人与环境保持平衡、维持生存和发展所必需的条件，也是适应环境的手段。

案例分析

在一家外资企业的经理办公室里,坐着一位满脸沮丧的女孩。经理对她说:"通过一周的实习,我们看得出来,你是一个认真读书的好学生。不过,这里的很多工作你还插不上手,不如先回学校学习……"这个女孩是谁?在她的实习经历中发生了什么?

她叫蒋玉,是商务英语专业二年级的学生。由于学习踏实认真,被学校选中,作为第一批学生去一家外资企业进行为期一个月的实习。在实习过程中,她工作态度很认真。然而,不知道为什么,周围的同事都不愿意和她合作,她甚至还听到两位同事偷偷议论自己,说自己是个"书呆子"。为此,她大哭了一场,向经理诉说自己的烦恼。还有一次,负责主管让她翻译一份英文资料,她对照着书本逐字逐句地翻译,费了很大力气。可是,当她把资料交给主管的时候,主管只是笑了笑,又拿走让别人去修改了。她感觉很难堪,不明白自己的问题出在哪里。

回到学校,蒋玉找到班主任老师诉说了自己的困惑。在老师的帮助下,她才认识到,学习最重要的是把所学知识应用到实践中。为此,她制订了具体的计划,有针对性地训练自己的翻译、人际交往等能力。两个月坚持下来,她发现自己分析问题的能力和解决问题的能力得到了明显提高。

【议一议】

☆ 蒋玉本是学校的优秀学生,为什么却被实习单位提前退回了学校?

☆ 你从蒋玉的事例中得到了哪些启示?

【明辨是非】

观点一:有同学认为,学习就是指在学校学习,毕业之后就不用学习了。

观点二:有同学认为,因为学习成绩不好才考上职业学校,这一辈子就这样了,不可能再有改变,所以我也不用再努力学习了。他的观点正确吗?为什么?

观点三:有同学认为,只有进入普通高中,考上大学才叫成才,所以自己现在学不学都无所谓了。这种观点正确吗?为什么?

蒋玉通过自己的亲身经历告诉我们一个道理:学校学习只是学习的一部分,我们必须改变传统的学习观念,不断学习新知识,才能适应经济社会发展的需要。

随着社会的急剧变化,知识更新的速度加快,我们在学校获得的知识已远远不能适应职业生涯的需要。现代科学技术的更新周期缩短并渗透到社会生活的各个方面,职业技术含量不断增加。这一切新的变化,要求我们必须终身不断地进行学习,才能有效地从事知识社会的劳动。学习已不仅仅是一种修养,而是我们生存的基本手段。如果我们放松了学习,在社会中就会失去"核心"竞争力,甚至被社会淘汰。

（二）学习可以提高人的素质

学习可以提高人的文化修养。人类在社会历史发展过程中创造了大量的物质文化与精神文化。特别是精神文化，如文学、艺术、教育、科学等方面的成果尤其需要我们通过学习去获得，以提高自己的文化素养。缺乏一定文化素养的人不能算做真正健全的人，现代社会的新型人才必须是具有较高文化素养的人。

学习可以优化人的心理素质。一个现代社会的新型人才，应该具备诸多方面的良好心理素质，如高尚的品德、超凡的气质、敬业的精神、目标专一的性格以及坚韧不拔的意志等。这些都可以通过学习来达到。正如萨克雷所言："读书能够开导灵魂，提高和强化人格，激发人们的美好志向，读书能够增长才智和陶冶心灵。"

（三）学习是人类历史发展和文明延续的纽带

人类文明的延续和发展，就如同一场规模宏大而旷日持久的接力赛：前代人通过劳动和生活获得维持生存和发展的经验，不断总结，不断积累，不断提高，形成知识和技能，传给后人；后辈人在学习前人经验的基础上，进一步丰富和提高，以适应时代与环境的变迁。如此代代传递，便形成了一部人类文明延续发展的历史。

三、终身学习与传统学习

终身学习相对于传统学习而言，是教育观念上的根本改变。传统的观点把人生分为两个阶段，前半生学习、受教育，后半生工作，因此常常把学校教育看成是学习的全部。终身学习思想则认为，学习并不随学校学习的结束而结束，人从生到死都必须不断学习，即学习应该贯穿于"从摇篮到坟墓的生命全过程"。从时间上讲，与人的生命共始终；从空间上讲，与人的所有方面都有联系，学习不仅是学校围墙里、教室中的活动，而且存在于社会多层次、多部门的各种活动之中，终身学习包括了学校学习、社会学习、一切场合（工作场所和社会生活等）的正规学习和非正规学习。

终身学习的目的，不仅是掌握知识，更重要的是学会学习，增强创造力；学习主体也没有资格限制，任何人都是这个学习体系中的一员；在时间和空间上包括一个人一生中所进行的任何形式的学习。社会在总体上将会用能力取代知识，用需求取代文凭，为终身学习提供广阔的舞台。

【名人名言】

少而好学，如日出之阳；壮而好学，如日中之光；老而好学，如炳烛之明。

——刘向

【读一读】

有一座四通八达的学习立交桥：

☆ 高职和成人高校的大门向我们敞开，我们可以通过努力学习去心仪的高职或大

学圆梦。

☆ 远程教育网的开通、各种网校的涌现，为我们的继续求学搭建了广阔的平台。

☆ 学分制使工学交替成为可能，使我们在学习时间、课程上有了很大的选择空间，不同的学习形式可以有序接轨与合作。

☆ 普通高等教育考试条件的放宽，体现了终身学习的精神，也为我们提供了广阔的空间。

记住：能否在这座立交桥上驰骋，关键在于我们自己。

四、学会学习

今天教育的内容百分之八十以上都应该是方法……方法比事实更重要。

——纳依曼（联合国教科文组织总干事）

古人云："授之以鱼，只供一饭之需；授之以渔，则终身受用无穷。"美国著名未来学家阿尔温·托夫勒有句名言："未来的文盲不再是不识字的人，而是没有学会怎样学习的人。"知识经济的时代重要的一个理念就是"学会学习"。知识浩如烟海，信息与日倍增，我们如何才能更快、更好地学习，掌握更多、更新的知识呢？学会如何学习是每一个人都要面对的时代课题，它既是打开终身学习之门的钥匙，也是进入知识经济时代的通行证。

（一）树立远大的目标是学会学习的前提

目标是一个人前进的方向。人生要是没有目标，没有一个所追求的理想，就像没有航向的船只，不能到达成功的彼岸。目标渺小，就做不成大事；目标大，期望高，才可能获得大的成功。理想是一种精神力量，是学习的内在驱动力。只有树立了崇高的理想，才能树立远大的奋斗目标，从而产生巨大的动力，激励自己锲而不舍、坚韧不拔、努力拼搏、奋勇向前、攀登科学高峰。

（二）树立自主学习的学习观是学会学习的基础

所谓自主学习，就是学生自己主动地学习，自己有主见地学习。自主学习包括四个方面：首先，要对自己现有的学习基础、智力水平、能力高低、兴趣、爱好、性格特点、特长等有一个准确的评价。其次，在完成学校统一教学要求并达到基本培养标准的同时，能够根据自身条件，扬长避短、扬长补短，有所选择和有所侧重地制订加强某方面基础、扩充某方面知识和提高某方面能力的计划，优化自己的知识和能力结构。再次，按照既定计划积极主动地培养自己、锻炼自己，并且不断探索和逐步建立

适合自己的科学学习方法，提高学习能力和学习效率。最后，在实践中能够不断修正和调整学习目标，在时间上合理分配和调节，在思维方法及处理相互关系上注意经常总结、调整和完善，以达到最佳效果。

学生树立了自主学习的学习观，就会意识到自己是学习的主人，学习要靠自己的艰苦努力，从而才能在受教育的过程中发挥自己的主动性、积极性和创造性，同时，不断增强自我教育的意识，具备独立学习的能力，不断探究学习的规律，以适应科技迅猛发展、知识不断更新的需要。

（三）掌握科学的学习方法是学会学习的关键

所谓学会学习，在某种意义上就是学会学习的方法。科学的学习方法不仅有助于我们在学习活动中少走弯路，有利于培养和提高各种学习能力，提高学习效率，而且更重要的是它是人们攀登学习高峰、学有所成必不可少的重要因素。学习方法就是学生学习时所采用的方式、手段、途径和技巧。科学的学习方法是人们的认识规律和学习规律的反映，它具有共同性和普遍性。主要包含的内容有：一是合理安排时间。二是在学习过程中注意循序渐进、勤于思考，防止死记硬背、不求甚解，要一丝不苟，切忌似懂非懂，要善于总结、持之以恒。三是掌握复习的方法，复习最重要的是要注意整理归纳，对学过的知识进行梳理，使其系统化、结构化。四是加强自我监控能力。自我监控是对自己学习进程的评估，有助于把主要时间和精力用在学习上，提高学习效率，提高学习成绩。

（四）善于自学是学会学习的基本途径

通常学习有两种基本形式：师授与自学。不管社会教育制度如何改革，终身教育如何发达，正如华罗庚所说："对一个人来讲，一辈子总是自学的时间多。"钱三强说："自学是一生中最好的学习方法。"一个人知识的积累和更新主要是依靠自学。自学是学会学习的基本途径，也是成才的必由之路。

（五）学会学习，要改变学习方式，从"学会"转向"会学"

学习有两种方式：一是维持性学习或称适应性学习，其功能在于掌握已有的知识、经验，提高解决当前已经发生的问题的能力，即"学会"；二是创新性学习或自主创新性学习，其功能在于通过学习提高吸收新知识、新信息和提出新问题的能力，迎接和处理未来社会发生的日新月异的变化，即"会学"。

（六）学会学习，要创新学习手段，学会利用现代化学习工具

信息手段决定着人们获取信息量的大小和学习的模式，影响学习的效率。农业经济时代，学习是以劳动者言传身教的方式传授简单的劳动技能和经验。工业经济时代，人们通过工业化的大信息量的群体化传播工具，如教材、报纸、广播和电视等，从较大的范围里获取知识和各种信息。而在知识经济时代，计算机网络变化和信息高速公

路的出现,为学习开辟了广阔的道路。计算机已经成为信息收集、加工、存储、处理、传递、使用的有力工具,计算机网络也已成为最现代化的学习工具。计算机网络提供了非常灵活的学习和工作环境。

活动天地

趣味测试:学习习惯与学习方法自我测查

请你针对自己的情况,为下面每一个陈述选择"是"或"否"。

(　　)1. 我在学习时好做白日梦。
(　　)2. 我常常需要一定的压力才能学习。
(　　)3. 我定期复习。
(　　)4. 我的学习常常被来访者、电话和其他娱乐打断。
(　　)5. 只有完成指定的学习任务后,我才能做其他事情,我把这作为一项制度并化为行动。
(　　)6. 我常常用做作业的时间玩耍、约会、看电影、散步、读小说、看电视或听音乐。
(　　)7. 有时,当我坐下来学习时,才意识到自己连课外作业究竟是什么还不清楚。
(　　)8. 我用学校里所学的书本知识来帮助自己理解外部世界中的各种事情。
(　　)9. 我常常睡眠不足,因而上课时昏昏欲睡。
(　　)10. 如果我学到一个新词,我往往会在此之后的一段时间内有意识地多使用它。
(　　)11. 我有一个明确的学习计划表,列出了学习时间、地点和进度。
(　　)12. 我在学习时常常坐不住,因此无法把精神集中在学习任务上。
(　　)13. 开始学习新功课之前,我对先前学过的材料进行复习。
(　　)14. 如果没正当理由,我坚持执行自己的学习计划。
(　　)15. 有时,我边看电视边学习,或者边听房间里其他人的谈话边学习。
(　　)16. 在某一课程上我花费时间过多,而在其他课程上时间则不够用。

（　　）17. 在学习时，我常常站起来，来回走走，看看报纸，或吃点零食。

（　　）18. 我喜欢想出具体的例子，来验证所学到的原理和规则。

（　　）19. 每当开学，我往往会有一段时间静不下心来学习，难以认真考虑功课。

（　　）20. 有时，我到了课堂上或坐下来学习时，才发现没带所需的课本、铅笔、笔记本或其他学习用品。

（　　）21. 我会利用某一课程中学到的知识来理解其他学科的东西。

（　　）22. 有时，我对所学的材料进行"过度学习"，也就是说，当我第一次能正确背诵时并不就此停止学习，而是继续背几遍，以巩固学习效果。

（　　）23. 我为自己的功课感到担心。

（　　）24. 在我阅读时，会注意保持良好的光线条件。

用表 3-2 进行统计。

表 3-2　学习习惯与学习方法自我测查表

测查内容	参考答案	
	答"是"的题目序号	答"否"的题目序号
一般性的学习习惯与学习方法		

按照答"是"一题得 1 分，答"否"一题得 0 分的计分方法，计算出自己的得分。

以上测验是关于"学习习惯与学习方法"的自我测查，得分的高低反映出你学习习惯和方法的好坏程度。通过以上测试，你是否对自己的学习方法和学习习惯有了一些了解？

请仔细检查自己在某些方面的不足和误区，加以克服，从而逐步养成良好的学习习惯。

友情提示：以上测试仅供参考，不必刻意"对号入座"，如果你想对自己的心理做进一步了解，可到学校成长加油站求助！

正所谓"书山有路勤为径，学海无涯苦作舟"，在现代社会中，我们作为学生，学

习是我们的重要任务,更应该以"勤"为"径",在学习和知识的海洋中遨游。珍惜每一分、每一秒,勤学习、勤积累、勤思考、勤质疑、勤钻研,努力朝着成功冲刺。整个过程仿佛是登山,经过艰苦跋涉方得片刻小憩,回味过程的曲折和体验阶段胜利的欣慰是对攀登者最大的鼓励。学习除了"勤",还需要"苦"。在学海上涉猎,必须通过"苦作舟",才能行驶到成功的彼岸。人虽然有天资的差异,但一个人学业成功与否、成就大小如何,则在很大程度上取决于其刻苦的程度。就让我们与勤奋和刻苦签约,在知识的海洋里泛起一簇簇灿烂的浪花。

 探究实践

年轻时,究竟懂得多少并不重要,只要懂得学习,就会获得足够的知识。如果我们拥有了获取知识的能力,就获得了唯一可以随身携带、终身享有不尽的资产。阅读下面的一些话,想一想,说明了什么。

(1) 很多人都认为爱因斯坦很聪明,就考了他很多问题,比如:美国的地铁有多长?光的速度是多少?爱因斯坦却回答说:"这些我都不知道。"看到人们惊愕的样子,他微笑着说:"这些只要翻书一看,不就全知道了吗?"

为什么爱因斯坦会这样回答?你认为和这些知识相比,更重要的是什么?

(2) 石油大王洛克菲勒有一段妙语:"如果把我身上的衣服全部剥光,一个子儿都不剩,然后把我扔到大沙漠去。但这时只要有一支商队经过,那我就又会成为亿万富翁。"

洛克菲勒为什么会如此自信?

(3) 恺撒将军出征,每次获胜必以酒肉金银犒赏三军。随行的亲兵仗着酒胆,问恺撒:"这些年来,我跟着您征战沙场,出生入死,历经战役无数。同期入伍的兄弟,做官的做官,做将的做将,为什么直到现在我还是小兵一个呢?"

恺撒指着身边的一头驴,说:"这些年来,这头驴也跟着我征战沙场,出生入死,经历战役无数。为什么直到现在它还是一头驴?"

【想一想】 你认为这个故事蕴含了什么道理?你得到了哪些启示?

模块四　心理健康篇

　　同学们，我们正处在身心发展的转折时期，随着各种环境条件的改变，难免会在自我意识、人际关系、求职就业以及成长、学习和生活等方面产生各种各样的心理困惑或问题。心理健康教育能够促进我们的全面发展，帮助我们了解、认识、调适和充实自己，也可以为我们提供必需的心理援助，使我们更好地适应未来社会和时代发展的需要。

　　健康的心理，让你的胸襟更开阔，心里更宁静；
　　健康的心理，让你的青春更无悔，生活更自信；
　　健康的心理，让你的生命更绚丽，人生更辉煌。

专题八

心理发展你我他

学习目标 XUEXI MUBIAO

1. 知识目标
- 理解健康的含义，解释心理健康的内涵，明确心理健康的标准。
- 说出青春期职校学生的心理特征。

2. 能力目标
- 对自己的心理健康状况进行客观评价，正确看待心理问题。
- 能够自我反思，全面客观地进行自我评价。

3. 价值目标
- 树立培养心理素质与维护心理健康的意识。
- 认同如何看待心理问题的观点，合理运用各种方法调整自己的心理状况。

学习重点 XUEXI ZHONGDIAN

- 心理健康的标准。
- 职校学生的心理特征。

学习难点 XUEXI NANDIAN

- 对自身心理健康状况的认知与辨析。
- 职校学生的心理特征。

新课导入

> 这世界除了心理上的失败，实际上并不存在什么失败，只要不是一败涂地，你一定会取得胜利的。
>
> ——亨·奥斯汀

张坤是某中职学校一年级的学生。他从小胆子小，语言表达能力差，但在身高、体重等方面却占优势。父亲因工作忙碌，与张坤的交流较少。张坤因学习成绩不够理想，经常受父亲的责备、打骂。初中时，张坤各方面表现都不优秀，他由此变得不自信、厌学。随后，又因为一次车祸，他独自在家休息了三个月，期间很少与人交流。进入中职校后，张坤一开始见人就紧张，与人说话时也会紧张，随后发展到接听电话都紧张，到最后竟不愿与人交往，经常无缘无故地流泪，不能与家人、同学正常交流，他总感觉别人会欺负自己。

张坤的情况引起了班主任和心理健康老师的关注。老师们积极组织各种心理活动，让张坤在活动中体会班级的温暖与同学们的关爱。丰富多彩的心理活动使张坤学习到了与人交流的技巧。最重要的是，通过参加活动，张坤发现了自己的优势：虽然自己学习成绩不突出，但身高优势使他成了篮球高手。在各种心理活动中，张坤找到了自信心，慢慢地愿意与同学们交流了。现在，每天都在篮球场上一展身手的张坤，不再害怕和人交往了，同时他也逐渐地在学习中找到了自己的优势：虽然文化课成绩不是很理想，但是他的动手能力强。在实践课上，张坤表现得越来越出色，越来越得心应手，他还经常主动地帮助其他同学呢。

张坤因为参加了学校心理健康教育活动而得到了及时的心理援助，从自我封闭的世界中走了出来。可见，了解心理健康，参加心理健康教育活动对我们的健康成长非常重要。

【想一想】

那么，你知道心理健康的标准吗？你知道健康与心理健康的关系吗？

一切智慧、成就、财富和幸福都始于健康的心理，心理健康是人们未来生存和发展的通行证。

一、认识健康

健康是人类生存和发展的要素，它属于个人和社会。以往人们普遍认为"健康就是没有病的，有病就不是健康"。随着科学的发展和时代的进步，现代健康观告诉我们：健康已不仅仅是指四肢健全、无病，身体不虚弱，而是除身体本身健康外，还需要精神上有一个良好的状态。人的精神、心理状态和行为对自己和他人甚至对社会都

有影响，因此，更深层次的健康观还应包括人的心理、行为的正常，良好的社会道德规范和环境因素。由此可见，健康的含义是多元的，是相当广泛的，健康是人类永恒的主题。

（一）健康的含义

1948年，世界卫生组织关于健康的定义为："健康乃是一种在身体上、精神上的完满状态以及良好的适应力，而不仅仅是没有疾病和衰弱的状态。"1990年，世界卫生组织对健康的阐述是：人在躯体健康、心理健康、社会适应良好和道德健康四方面都健全，才是完全健康的人。

（二）健康的标准

健康是社会发展的组成部分，健康是对人类的义务，人人都享有平等的健康权利。世界卫生组织提出健康的十条标准如下：

（1）精力充沛，能从容不迫地应付日常生活和工作的压力而不感到过分紧张。

（2）处事乐观，态度积极，乐于承担责任，事无巨细不挑剔。

（3）善于休息，睡眠良好。

（4）应变能力强，能适应环境的各种变化。

（5）能够抵抗一般性感冒和传染病。

（6）体重得当，身材均匀，站立时头、肩、臂的位置协调。

（7）眼睛明亮，反应敏锐，眼睑不发炎。

（8）牙齿清洁，无空洞，无痛感；齿龈颜色正常，不出血。

（9）头发有光泽，无头屑。

（10）肌肉、皮肤富有弹性，走路轻松有力。

同学们，请对照标准，想一想自己哪些方面需要改善？

知识链接

青年人健康要点

（1）吃得正确：在青春期保持饮食平衡和有规律，有助于你现在健美、将来健康。

（2）喝得正确：干净的水和果汁是有利于健康的，不要饮酒，喝醉是不明智的。

（3）别吸烟，如果你想健美，有吸引力，请别吸烟。

（4）适当放松：运动、音乐、艺术、阅读和与其他人交谈，可帮助你成为兴趣广泛的人。

(5) 积极自信：要积极自信和富有创造性，要珍惜青春。

(6) 知道节制：遇事能三思而后行，大多数的事故是可以避免的。

(7) 负责的性行为：了解自己的性行为并对此负责。

(8) 运动有好处：运动可以使你身体健美和感觉良好，参加运动的每一个人都可赢得健康。

(9) 散步：散步是一种轻缓的运动，而且散步能使你感到舒适。

(10) 拒绝吸毒：吸毒是一条死胡同，要坚决自信地说"不"。

如果你想成为具有良好职业素养的智能型、通用型人才，就请从今天起记住以上十个健康要点吧！

二、认知心理健康

（一）世界卫生组织关于心理健康的定义

1946年，第三届国际心理卫生大会提出：心理健康是指身体、智力、情绪十分调和；适应环境，在人际关系中能彼此谦让；有幸福感；在工作和职业中，能充分发挥自己的能力，过有效率的生活。心理健康包括两层含义：一是无心理疾病，这是心理健康的基本条件，心理疾病包括各种心理及行为异常的情况。二是具有积极向上的心理状态。

（二）我国关于心理健康的定义与标准

中国心理卫生协会近年来组织相关专家，开展了"中国人心理健康标准制定"的课题研究。通过文献调研、专家调查和专家讨论，研究制定了符合中国国情和社会文化的心理健康标准，具体可从以下五个方面来衡量：

1. 自我认识方面：接纳自我

对自己有充分的了解和认识，并能恰当地评价自己的能力；对自己的外貌特征、人格、智力、能力等都能愉快地接纳并认同；有心理安全感。

2. 独立性方面：自尊自制

应该具备基本的独立生活和学习能力，能够独立解决日常生活中遇到的一些问题；对自己有充分的信任感。

3. 情绪方面：积极乐观

要求情绪基本稳定，心态比较积极，能够适度表达和控制自己的情绪和行为。

4. 人际交往方面：善于共处

应该能够建立和谐的人际关系，理解他人，接受他人，在社会交往中获得心理上的满足。

5. 环境适应方面：正视现实

能克服困难，面对挫折能坦然处之，并能正确地评价自己的失败；能够接受现实、承受挫折，并采取合理措施应对困难。

（三）心理健康含义辨析

1. 心理健康包含自我和谐与社会和谐

一个心理健康的人，首先应达到个人内在的各种心理活动的和谐一致，即"自我和谐"。其次，个人还需要与周围环境保持和谐一致，包括人与人之间的和谐以及人与社会之间的和谐，即"社会和谐"。

综合起来说，一个心理健康的人，应该具有基本的认知能力、积极稳定的情绪情感、自我实现的人生目标、和谐的人际关系以及良好的社会适应能力，不但自我感觉良好，而且能够符合社会要求，承担家庭和社会功能。

2. 心理健康不是静态的指标而是动态变化的过程

一个原本心理健康的人，当受到环境因素的重大影响时，就有可能出现各种心理问题，严重时会影响生活和工作。比如优秀生考进职校后学习受挫，产生情绪上的困扰；学生毕业后找不到理想的工作，就沉迷于网络；职场精英在竞争的压力下抑郁自杀；原本家庭幸福的女性因婚变而走上绝路……这些都说明人们的心理状态需要时时关注和呵护，我们应具有定期检查自己心理健康状态的意识。

也有的人对心理问题过分恐惧，害怕自己一旦查出有心理问题，就好像"判了死刑"，其实大可不必如此恐慌。心理健康状态既然是动态变化的，就意味着可以通过科学的手段和方法进行调节与治疗，消除障碍，恢复正常的心理状态。

心理健康不是某种固定的状态，它是动态的、变化的，会因年龄、性别、社会或家庭等方面的变化而发生改变。

3. 心理健康与否的界限是相对的，正常与异常更像是连续性的两端，没有明显的分水岭。

【想一想】

下面的观念正确吗？结合以下内容，你认为正确的观点是什么？

☆ 只有性格内向的人才容易患心理疾病。

☆ 心理疾病或障碍只有在别人看出来时才有必要去求助心理医生。

☆ 坚强的、成功的人不容易患心理疾病。

☆ 心理不健康是一件令人丢脸的事情。

☆ 心理问题也有对错。

☆ 如果偶尔出现了一些不健康的心理和行为，就是有了心理问题。
☆ 所谓接纳自己，就是要认为自己的一切都是好的。
☆ 心理疾病不会影响到身体健康。
☆ 身体不健康不会引发心理不健康。
☆ 有心理问题的人精神都不正常。

【名人名言】

世界上最浩瀚的是海洋。比海洋更浩瀚的是天空。比天空还要浩瀚的是人的心灵。

——雨果

三、青春期心理特征

青春期的我们正处于人生发展、发育的关键时期，也是心理最不稳定的时期。这一时期最大的特点是生理的迅速发育，逻辑思维的发展迅速；情绪和情感都比较强烈，很容易"动感情"；自我意识迅速增强，人生观、价值观和世界观逐步形成，实现我们自身的"社会化"，即成为一个社会人。处于青春期的人心情是多变的，我们趋于成熟，却摆脱不了少年的幼稚；处于青春期的人心情是矛盾的，我们既希望自己独占鳌头，又不希望自己远离朋友。有人说青春是一本难懂的书，有人说青春是一个迷惘忧伤的季节，令人困惑。其实，这一切都是青春期心理特征的表现。

（一）身心发展，时差错位

在青春期，人们的生理发育迅速成熟，而心理发育则相对迟缓，从而造成我们的心理成熟水平、社会阅历积累与急剧的生理成熟不相适应，出现了心理年龄与生理年龄相脱离的现象。从而会产生许多心理矛盾：个人要求与依赖关系，自我设计与师长要求，理想目标与现实可能，个人消费与经济能力，自主意识与社会行为。这种主观上的欲求与客观上的可能之间的心理矛盾，引起了我们内心的烦恼与不安。因此，青春期容易产生心理不平衡和身心功能障碍。

沟通 图/李二保 新华社发

（二）情绪发展强烈多变

青春期情绪发展的特征有以下几点：

（1）易于波动并潜藏不安，表现为寂寞与孤独、忧虑与不安、苦闷与忧郁。
（2）憧憬未来并富于幻想。
（3）情绪多样并反应强烈。

我们既会为一时的成功而激动不已，也会为小小的失意而抑郁消沉。我们情绪多

变,经常出现莫名的烦恼、焦虑。人到了青春期,既像一轮冉冉升起的朝阳,充满无限的生命力,又像一艘航行在变幻莫测的大海里的航船,随时都有遭到风暴袭击的危险。

(三)个性发展可变可塑

所谓个性,是指个人稳定的心理特征(包括气质、性格、兴趣、能力等)的总和,也就是平常所说的一个人的精神面貌。心理学认为,在青春期,自我评价和社会评价对个人形成独特的个性起着重大的作用。

青春期的个性特征表现为以下几点:

(1) 认同感逐渐扩大。
(2) 价值取向开始形成。
(3) 闭锁心理开始出现。
(4) 兴趣范围逐渐扩大。
(5) 评价能力不断增强。
(6) 行为方式发生变化。

(四)自我发展突出高涨

人的自我发展受到自我意识的影响与制约。自我意识是人们对人生、对自己逐渐形成的一定形式的自我价值观、自我认识能力,能按照自己的需要不断去探求人生道路和选择自己的发展方向,具体表现为:企图并要求摆脱父母和老师的管束,自行其是;不承认自己是小孩,要求长者平等相待,希望父母和老师充分理解和尊重自己的人格。不愿再被动地听从父母的教诲和安排,表现出"顺从"和"听话",渴望用自己的眼睛看世界,用自己的标准衡量是非曲直,做自己命运的主人。这种从被动到主动、从依赖到独立的转变,对于青春期的学生来说是成长的必由之路。

总之,到了青春期,我们开始注视自我、关心自我、发现自我、突出自我、独立自我。

(五)情爱发展单纯幼稚

在青春期,情爱包括友情、育情、爱情等多个方面。

(1) 友情,反映为对同学、同志的情爱。青春期与儿童期相比有了很大的专注性和稳定性。到了后期,友情甚至会具有一定的神秘性和浪漫性,讲"义气",较"虔诚"。

(2) 育情,反映为对父母、师长等抚养、教育过他们的人的情爱。青春期,表现为有一定的感恩性和真诚性。

(3) 爱情,反映为对异性的情爱。在青春期,由于此时我们尚不能正确理解什么是爱情,正确的恋爱观还没有形成,双方的社会地位不稳定,节操观念与法制观念较为缺乏,只是凭借着单纯的对异性追求来满足自己一时的欲求,因而这一时期的恋情

（或称为对异性的迷恋）乃至初恋往往是不成功的，甚至是痛苦的。

（六）交际发展自主自锁

在青春期，大多数学生开始按照自己的价值观来评判与自己交往的人，选择与自己投合的朋友，且常常会排斥旁人的议论、影响与干预。此时，我们的情绪自控能力比孩提时有了较大的提高，学会掩饰、隐藏自己的真实情绪，出现心理"闭锁"的特点。过去爱说爱笑，进入青春期可能会变得沉默寡言。常把自己关在房间里，很少和父母交谈，甚至拒绝接受父母的关心和爱抚。一般说来，在青春期的交际发展中，起影响作用的是兴趣相同、性情相投、思想共鸣、甘苦共享等感情因素。

（七）理想发展起伏不定

所谓理想，是指有实现可能性的对未来事物的想象和希望。青春期的我们渴望走向社会，确立个人和社会的理想，勇于开拓创造，敢于冲锋陷阵。在青春期，由于我们的认识水平不高，对社会要求的理解比较粗浅，再加上情感不够稳定，意志力比较薄弱，因而理想往往带有更多的一时冲动与情境激励，个人色彩较浓，起伏波动较大，容易受境遇影响而变化不定。

总之，青春期是长大成人的开始，是由不成熟向成熟的过渡。这一过程对我们青春期的学生来说是漫长而痛苦的。此时，我们既非大人，又非孩子，原来的孩童世界已被打破，但新的成人世界又尚未建立。因此，内心充满了矛盾和冲突。比如，生理成熟提前和心理成熟滞后的矛盾；独立意识增强与实际能力偏低的矛盾；渴望他人理解与心理闭锁的矛盾；理想与现实、爱好与学业、感情与理智、自尊和自卑的冲突与矛盾，等等。

四、职校学生心理特征

职业学校的学生的心理与普通中学的学生的心理相比具有其特殊性，升高中落榜、学习不适、自卑心强、脾气暴躁、人际关系紧张等多种矛盾心理并存，使学生的个性难以和谐发展，与职业学校的学生相关的突出心理特征主要表现在以下三个方面：

（一）成人感强烈

作为职业学校的学生，与同在高中学习的同学相比，我们有更多的生活自主权，有一定的生活费供自己独立支配。更由于两到三年后，我们就要工作和独立谋生，由此引发的"成人感"就比同龄人更明显、更强烈。许多同学开始用"世俗"的眼光打量社会，甚至模仿成人的行为，如吸烟、喝酒、谈朋友、去迪厅、上网吧、追星等。

【想一想】

请问，以下行为与想法对吗？即将成人的我们应该怎么做才能向学校、向家庭、向社会证明"我们已经长大成人"了呢？

☆ 不吸烟不是男子汉。

☆ 不喝酒不算真英雄。

☆ 小明是我哥们，他被同宿舍的同学欺负了，我一定要出手相助才够朋友。

☆ 我得去买几套时尚的衣服，我才不穿校服呢！

☆ 我都成人了，父母还管这管那的，真烦！

☆ 谈了异性朋友才算成年。

> **温馨提示**
>
> ### 出售香烟＝销售死亡
>
> 总体上，青少年吸烟人数比过去10年有所减少，但还是很多，原因之一是香烟容易成瘾。香烟的化学成分——尼古丁能够使人很快产生心理和生理依赖。在生命早期抽10支烟的人，有80%染上烟瘾的可能性。其二是吸烟带来的快感是每个吸烟者都想保持的。看着父母和同伴吸烟，也增加了青少年吸烟的概率。其三，吸烟在青少年眼中是长大成人的仪式和标志。根据世界卫生组织的数据，全世界有2亿儿童和青少年会因为吸烟而夭折，全世界10%的人死于吸烟。中国每年有30万人死于肺癌，而从儿童时期或青少年时期开始吸烟以及吸入二手烟是导致患上肺癌的主要原因。

（二）就业需要突出

职业学校的培养目标是培养企业需要的技术型、技能型人才，即增强岗位的适应性，也就是为了顺利就业。因此，在我们的发展目标中，就业是首要的。但由于就业竞争激烈，个人价值观还未稳定形成，许多同学面对"我要干什么？""我能干什么？""我怎样才能就业？"等问题时存在着许多困惑，出现一种面对就业挑战的焦虑感。

【想一想】

有些同学出现下想法，你是怎么看的？

☆ 到企业就是干活，与人交流不重要。

☆ 书本知识到企业里是用不上的，不如进企业参加培训学得快。

☆ 学校课程与企业实际差得远，在校成绩高低与就业好坏没关系。

☆ 在学校只要学好专业课就能就业，基础课无关紧要。

☆ 学好专业不如提前找好门路，这个社会没关系是行不通的。

（三）成就动机不足

在职业学校中，有的同学因为在初中时的学习成绩不够理想，所以对学习失去了兴趣和信心；有的同学简单地理解提高职业素养的意义，错误地认为反正是要做一名工人，只要混个及格就够了；还有的同学对技能人才的价值认识不足，认为自己以后就是这样了，不会有什么大出息，因而也不需要努力奋斗……总之，各种各样的因素，使一些同学不够积极和主动，对实现自我价值和自我追求不够强烈。

【想一想】

有些同学出现如下想法，你是怎么看的？

☆ 我的学习成绩一直不太好，所以才上职校，毕业后混一份工作就行。

☆ 咱们学校学生的就业率高，毕业不愁没工作，不用努力学习。

☆ 毕业后靠父母，找工作是家长的事。

小 结 XIAOJIE

通过对心理健康的了解，自觉加强心理健康素质培养及心理健康维护可以帮助学生更好地成长、发展，适应社会，成为健康的人。

健康的心理具有一些标志性的特征，学生可以通过这些特征来了解、判断自身的心理健康水平。正确看待、辨析心理问题，并用合适的方法调整自己的心理健康，这是十分必要的。

职业学校学生除了具有青少年共同具有的青春期心理特征外，在成人感、就业需要、成就动机等方面有着更强烈的不同表现。认识自我、接纳自我，为职业发展定位是职校学生急需解决的问题。

活动天地

认识我自己

反思自己的过去和现在，展望未来，可以让我们更好地认识自己。

1. 想过去

（1）我的幸福往事＿＿＿＿＿＿＿＿＿＿＿＿＿＿＿＿＿＿＿＿

（2）一件最让我伤心的事＿＿＿＿＿＿＿＿＿＿＿＿＿＿＿＿

（3）我做得最成功的一件事＿＿＿＿＿＿＿＿＿＿＿＿＿＿＿

2. 想现在
(1) 我最大的优点_____
(2) 我的缺点_____
(3) 学习的意义_____
(4) 我的才能_____
3. 想未来
(1) 我会有哪些成就_____
(2) 我的生命将会如何_____
(3) 我的目标是什么_____
(4) 我将去向何方_____

 探究实践

心理健康我知道

为使我们更好地了解自己的心理健康状况，可以进行如下测试，加强对自我的了解。

【自我和谐量表】

下面是一些对自己的看法的陈述，作答时，请你看清楚每句话的意思，然后圈选一个数字（1代表该句话完全不符合自己的情况，2代表比较不符合自己的情况，3代表不确定，4代表比较符合自己的情况，5代表完全符合自己的情况）填入表4-1的评分表中。每个人对自己的看法都有其独特性，因此答案是没有对错的，你如实回答就行了。

1. 我周围的人常常觉得我对自己的看法有些矛盾。
2. 有时我会对自己在某些方面的表现比较满意。
3. 每当遇到困难时，我总是首先分析造成困难的原因。
4. 我很难恰当地表达我对别人的情感反应。
5. 我对很多事情都有自己的观点，但我并不要求别人也与我一样。
6. 我一旦形成对某事物的看法就不会再改变。
7. 我经常对自己的行为不满。
8. 尽管有时会做一些自己不愿意做的事，但我基本上按自己的意愿办事。
9. 一件事好就是好，不好就是不好，没有什么可含糊的。

10. 如果我在某件事上不顺利，我往往会怀疑自己的能力。
11. 我至少有几个知心的朋友。
12. 我觉得我所做的很多事情都是不该做的。
13. 不论别人怎样说，我的观点绝不改变。
14. 别人常常会误解我对他们的好意。
15. 很多情况下我不得不对自己的能力表示怀疑。
16. 我的朋友中有些是与我截然不同的人，但这并不影响我们的关系。
17. 与朋友交往过多容易暴露自己的隐私。
18. 我很了解自己对周围人的情感。
19. 我觉得自己目前的处境与我的要求相距太远。
20. 我很少去想自己所做的事是否应该。
21. 我所遇到的很多问题都无法自己解决。
22. 我很清楚自己是一个什么样的人。
23. 我能自如地表达想要表达的意思。
24. 如果有足够的证据，我也可以改变自己的观点。
25. 我很少考虑自己是一个什么样的人。
26. 把心里话告诉别人不仅得不到帮助，还有可能招致麻烦。
27. 在遇到问题时，我总觉得别人都离我很远。
28. 我觉得很难发挥自己应有的水平。
29. 我很担心自己的所作所为会引起别人的误解。
30. 如果我发现自己某些方面表现不佳，总希望尽快弥补。
31. 每个人都在忙自己的事，很难与他们沟通。
32. 我认为能力再强的人也可能遇上难题。
33. 我经常感到自己是孤独无援的。
34. 一旦遇到麻烦，无论我怎样做都无济于事。
35. 我总能清楚地了解自己的感受。

表 4-1 评分表

项目一	1	4	7	10	12	14	15	17	19	21	23	27	28	29	31	33	总分
项目二	2	3	5	8	11	16	18	22	24	30	32	35					总分
项目三	6	9	13	20	25	26	34										总分

【说明】

项目一是"自我与经验",反映的是自我与经验之间的关系,包含了对能力和情感的自我评价、自我一致性、无助感等,它所产生的症状更多地反映了对经验的不合理期望。

项目二是"自我的灵活性",可以预示自我概念的刻板与僵化。

项目三是"自我的刻板性",不仅信度较低,而且与偏执有显著相关性。

计算总分的方法是将"自我的灵活性"反向计分,再与其他两个分量表得分相加。得分越高,自我和谐程度越高。低于74分为低分组,75～102分为中间组,103分以上为高分组。

如果发现自己处于低分组,建议走进我校的成长加油站,学习调整自己的心理健康状况的方法。

地址:府城校区办公大楼九楼;老城校区办公楼一楼110教室

成长热线:0898－65953003

联系QQ:746652274(李老师) 876016120(高老师) 1090455266(张老师)

联系邮箱:746652274@qq.com 876016120@qq.com 1090455266@qq.com

开放时间:

府城校区:

周一至周五:8:00—11:40;15:00—17:30

周一:18:00—20:00(高老师);周四:18:00—20:00(李老师)

老城校区:

周一至周四16:50—19:50;周五:16:50—18:00

悄悄话信箱:可以将你的烦恼、困惑或者你的意见、建议,用纸条、信件的形式,投入到成长加油站门口的信箱内。

 活动天地

背后留言

【活动目的】

通过活动体验,培养学生客观地对待他人评价的心态;让学生意识到"别人眼中的我"是什么样子,通过他人的评价来整合和完善学生的自我意识。

【活动过程】

1. 要求学生以真诚、客观、负责的态度参加活动,每人一张16开白纸,在纸的最上面一行写下自己的姓名和对留言者说的一句话,大家相互帮助用大头针把纸固定到自己的后背上;

2. 互相在其他同学的后背上写留言;

3. 10~15分钟后,折下背后的纸条,看同学们对自己的评价;

4. 团体分享;

(1) 同学们因什么而欣赏你?因什么而不欣赏你?对别人的反应你认同吗?

(2) 哪些评价让你感到新颖、好笑而又符合自己实际情况?

(3) 你有没有看到自己潜在的优势或特长?可能你从未注意,而在别人眼中却是那么的明显。

(4) 这个活动还带给你哪些感受?

【注意事项】

1. 留言过程中,同学们不能说话,留言内容是你对这个人的认识,包括优点、缺点以及建议,还可以写上自己最想对他说的一句话,不用留名。

2. 不同班级的活动气氛可能会有所差别。

3. 提醒学生找异性同学留言,不要失去另一半世界,失去另一半建议。

专题九

心理调适 ABC

学习目标 XUEXI MUBIAO

1. **知识目标**
   - ❖ 认识到我们需要主动地去适应环境的变化。
   - ❖ 认识到情绪管理的重要性。
   - ❖ 了解人际交往在社会活动中的意义,列举人际交往的基本原则和技巧。

2. **能力目标**
   - ❖ 学会主动适应环境。
   - ❖ 学会适当的情绪管理、情绪宣泄方法,合理管理情绪。
   - ❖ 能从人际交往的基本原则出发,正确运用人际交往的技巧去处理各类人际关系。

3. **价值目标**
   - ❖ 树立积极适应环境的意识。
   - ❖ 认同情绪管理的重要性与必要性,做自我情绪的主人。
   - ❖ 认同人际交往的基本原则、交往的技巧。

学习重点 XUEXI ZHONGDIAN

❖ 情绪管理、常见人际关系的处理。

学习难点 XUEXI NANDIAN

❖ 情绪管理、常见人际关系的处理。

新课导入

青春期是人发展、发育的关键时期，也是心理最不稳定的时期。日新月异的社会发展、充满诱惑的时尚潮流、巨大的学习压力、复杂的人际关系、激烈的就业竞争……这些都给成长中的青少年带来了较大的心理压力。有人彷徨困惑，有人不堪失败与挫折，在压力面前低头叹息，而更多的人则敢于面对压力。其实，这一切都是在考验我们的心理素质，要求我们有适应环境的能力、学会调适不良心理的方法以及管理好自己的情绪。

一、学会主动适应

（一）认清环境的变化

所谓适应，就是指个体和环境之间的一种平衡状态。在生命的长河中，人们所处的环境总是复杂而多变的。当客观环境变化过快、过于激烈，超出个人的适应能力范围，或是个人的心理不能很快进行调整、及时适应环境的变化时，就会造成心理发展的客观环境的失衡，从而引发心理问题。

案例分析

小明是一位刚入校的职业技术学校新生，他在读小学、初中时，学习成绩尚可，因此上大学一直是他父母的愿望和他自己的梦想，但中考的失利粉碎了他的大学梦。他想努力学习，但身边同学不像普通中学的学生那样用功，他们把大部分时间用在打牌、聊天、看小说、上网吧、玩游戏上，谁要是读书认真一点，还会遭到他们的嘲笑。小明很反感他们的行为，可是身在这样的群体中，又没什么办法，他感到非常的迷惘和无奈，整天无所事事，不知该怎么办。

上述事例说明了一种环境适应不良的状态。的确，从普通中学到职业技术学校，从依赖父母到独立生活，从无须为生活烦心到面对就业压力，同学们面临的环境变化是比较大的。

1. 生活环境的变化

在人的一生中，生活环境往往会有许多变化。对于年轻人来说，最重要的是从家庭到学校、从学校到社会的变化。对大多数同学而言，这两个重大的转变几乎是同时到来的：我们离开故乡和父母，独立地面对学习和生活的挑战。在学习期间就要磨砺自己，相对较早地接触社会的方方面面。面对复杂的社会关系、多元的价值观念和不

可回避的社会矛盾，容易造成思想认识的混乱并产生无所适从的感觉。

2. 学习方式的变化

许多同学习惯了中学时在外在压力的严格控制下，为一个具体的目标而学习的学习方式，对于如今需要在自己内在因素控制下，为一个长远的目标而学习不够适应，缺乏把整体目标分解转化为具体目标的能力。因此，这些同学刚刚摆脱了中考的烦恼，又陷入了目标迷失带来的心理困惑。在学习方式上，职业技术学校讲究主动自觉、灵活运用。那些已经习惯了中学的学习方式的同学，对这样的学习较难适应。有的同学开始对学习产生懈怠的心理，甚至抱有"混"的想法，从而带来心理冲突。

3. 人际关系的变化

现在大多数家庭都是独生子女家庭，孩子经常接触的是父母，人际关系比较简单。从小学到初中，同学们比较单纯和幼稚，同学之间的相处只是凭着自己的感觉。但现在不同了，随着年龄的增长，心理活动日趋复杂，影响人际交往的因素也更多了，加上青春期心理活动的不稳定性，使某些同学在更加关注自我的同时，不再像过去那样单纯直率，不再轻易向别人打开自己的心灵大门。因此，同学们面对的人际关系也比过去复杂多了。

【想一想】

在你的身边还有哪些变化？这些变化使你觉得不适应吗？

（二）增强自我适应的能力

面对生活和学习环境的变化，我们必须学会积极适应。积极地适应环境是指人们对自己所处的环境不论满意与否，都能发挥主动性，积极地学习、工作和生活，使自己得到发展。消极地适应则是个人认同顺应了环境中的消极因素，压制了自身具有的发展潜力，其结果是被环境中的不良因素所改变。

根据职业技术学校的生活和学习的特点，同学们应从以下几个方面增强自己的适应能力。

1. 培养独立生活的能力

独立生活的能力包括生活上的自理能力和独立处理人际关系及生活中各种矛盾的能力。生活自理能力看起来是一件小事，但是，如果一个人连自己的生活都管理不好，处处依赖别人，如何能适应环境的变化，做到主动发展呢？所谓"一室不扫，何以扫天下"就是这个道理。生活自理能力的培养，关键在于养成良好的行为习惯，克服依赖的思想和惰性。从按时作息、讲究卫生、遵守制度、自己的事情自己做开始，一点一滴地培养好习惯。

案例分析

小李初中毕业后考上了一所外地的职业技术学校。9月初，父亲把他送到了学校，办好一切入学手续，留下了800元生活费后就回家了。结果半个月后，他就打电话叫父母送生活费来，还说没有衣服穿了。原来，父亲走后，小李嫌学校食堂的饭菜不合胃口，每天都在外面的饭店吃饭，还经常买一大堆零食，一天吃好几次冷饮，衣服也不会洗，每次脏了后，就用水泡一下，要不就到洗衣店去洗。现在钱都用光了，周围又都是陌生的面孔，他觉得无助。

小李这种状况，正是缺乏生活自理能力的表现，长期对父母的依赖，导致他不能很好地适应学校的新生活。

培养独立生活的能力还要学会独立处理所遇到的问题。如与同学、朋友、老师发生矛盾后，要自己想办法去解决，如果感到束手无策，可以向家长或老师请教，但不能依赖他们解决问题。有的同学害怕失败，遇到问题总是逃避。其实，只要尝试着独立解决，无论结果是成功还是失败，都会得到锻炼。慢慢地，你就会具有独立解决问题的能力。因此，同学们可以有意识地参加一些社会实践活动，在现实生活中提高自己独立解决问题的能力。

2. 接受现实，正视现实

人生的烦恼很多是来自人们不能接受现实、正视现实。如果人们进入了一个新的环境，仍留恋过去；或者遭受了挫折与失败，总沉浸在苦涩的回忆之中，就会引起心理不适。我们应该认识到，无论过去是美好的还是痛苦的，都已经过去了，重要的是面对当前的现实。当你接受了现实之后，就可以平心静气地分析环境、分析自己，从新的环境中到找到自己的成长点，学会适应环境，发展自己。

人们不能正确面对现实的原因，常常在于人们头脑中有不合理的信念，正所谓"戴着墨镜看世界，世界永远是黑暗的"。这些不合理的信念都是以对自己、对他人、对周围环境和事物绝对化的不合理要求为特征的，人们只有纠正了自己不合理的观念，才能客观面对现实，才会置身于一个充满积极情感的世界之中，才不会因一时的感情挫折而失去对生活中美好意境的追求。

（三）融入集体生活

集体作为学生成长过程中的一个重要组成部分，为学生们的成长奠定了坚实的基础，是个人成长的摇篮。实践证明，良好的班集体生活可以激励学生不断进取，健康地成长，能使学生心情愉快，更加积极、轻松、充满激情地投入学习、生活与工作当中；良好的班集体能形成巨大的教育力量，有利于学生良好品德的形成，有利于学生增长知识、提高能力、发展特长、陶冶情操，促进学生身心健康地发展。

融入集体生活，应从以下几个方面要求自己：

（1）建立纯朴、融洽的同学关系，创设一个和谐、愉快的班级氛围。

（2）自觉遵守并维护集体纪律。

（3）树立主人翁意识，自觉维护集体的荣誉和利益，努力为集体增光添彩。

二、做情绪的主人

"生活就像一面镜子，你笑它也笑，你哭它也哭。"在生活中，每一天都有可能发生不愉快的事情。如果不能很好地解决这些"不愉快"，可能会严重影响自己的心理健康乃至自己的成长与发展，特别是对于心理承受力较低的同学。因此，理智地对待"不愉快"，了解心理调适方法，积极进行自我心理调适，对提高心理健康水平至关重要。

（一）良好的心理素质，是人生走向成功的必备条件

纵观古今中外的成功者，无不展示出他们执着的人生追求、高度乐观的精神和宽大的心理容量。居里夫人在挫折面前不折不挠的精神令人折服；又聋又哑的海伦·凯勒与命运抗争，一生中留下了许多不朽的名著。正如一位哲学家所述：人的生命如洪水奔流，不遇上岛屿与暗礁，难以激起浪花。而心灵浪花，是在人生激流中搏击而成的，良好心态，是对挫折的承受力和对困难的耐受力的一个体现。

（二）自我情绪管理

情绪管理就是指善于掌握自我，善于调节情绪，对生活中的矛盾和事件引起的反应能适可而止地排解，能以乐观的态度、幽默的情趣及时地缓解紧张的心理状态。

我们每个人都有情绪失控的时候，很多负面情绪会影响我们的工作和生活，因此，我们必须做情绪的主人，对这些负面情绪加以控制。情绪管理是一门学问，也是一种艺术，需要掌控得恰到好处。因此要成为情绪的主人，最重要的是要培养自己良好的心理素质，正确认识造成负面情绪的事件，进而管理自我情绪，保持鲜活的心情去面对人生。

1. 对紧张焦虑说"不"

紧张焦虑是一种常见的情绪应急反应状态，主要是由心理冲突或遭受挫折引起的。其主要表现为过分担心、紧张烦躁、焦虑不安，或是得过且过、反应迟钝、意志消沉、萎靡不振。适度的焦虑可使人产生压力，可以帮助我们克服自身的惰性，激励我们更加努力。但过度的焦虑会使人行为失常，造成心理障碍。正如图4-1所示的耶克斯—多德林曲线。

消除紧张焦虑的方法有以下几点：

（1）理智分析。紧张焦虑的情绪往往是由于身体心理受到某种刺激而引起的。针对此类不良情感，我们应该冷静理智地分析，看看自己对这种刺激的认识是否正确，

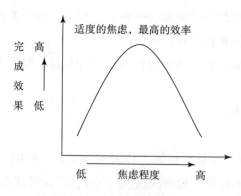

图4-1 耶克斯—多德林曲线

是否确实可忧、可虑、可惧。如果发现事情并不像自己所认为的那样,那么消极情感就会自消了。

(2)学会遗忘。有的人总是对引起消极情感的刺激耿耿于怀,这样只能加剧不良情绪。正确的做法是把这些事情尽快地忘掉,使自己的思想暂时离开这些不愉快的事情,从而缓解紧张焦虑的情绪。

(3)转移宣泄。如果对不良刺激的遗忘有困难,我们可以有意识地通过做一些其他的事情来转移注意力。如感到紧张焦虑时可以听听音乐、看看电影、外出旅游或参加体育活动等。也可以适当地进行宣泄。

2. 向快乐出发,远离苦闷

由于困难、挫折、失败引起的失望、沮丧情绪如果不能及时清理,往往会形成一种沉重的压抑感,也就是平常所说的苦闷。

解除苦闷,应从以下几个方面做起:

(1)树立克服苦闷的新意识。当你陷入苦闷时,可以用以下这些新的意识提醒自己。

①根据自己的意愿去生活,生活是属于我的,对于这么短暂的人生,应愉快地度过。

②生活最重要的是生活本身,而不是生活的结果。

③苦闷丝毫不能解决问题,只会把事情弄得更糟,等等。

(2)改掉不良的思维习惯。相当一部分人考虑问题或评价事物时喜欢"求全责备",总是"不知足",或"杞人忧天",自寻烦恼。我们要通过改变,通过选择,以新的习惯替代旧的习惯,从每一天做起,有意识地这样暗示:我要尽量精神愉快,多想高兴的事,不想不高兴的事;对别人的态度要尽可能友善一些,尽可能表现得对成功有把握;不让消极的观念给事实蒙上一层悲观的色彩;练习微笑,至少每天三次;对于已经发生或将要发生的无力改变的事实,不予理睬。

（3）营造快乐情绪。快乐使人兴奋，使人开朗，它是通过心理调适而达到的一种心境。艾匹特培斯指出："只有一条路可以通往快乐，那就是停止担心超乎我的意志之外的事。"我们要为自己的所有而高兴，不为自己的所无而忧虑，从中自得其乐。

案例分析

汉文帝时的贾谊，可谓才华横溢，他的一篇《过秦论》，曾使多少政治家为之倾倒，然而，他在先遭贬，后又在因梁怀王坠马而死的连续打击下，精神极度苦闷，终于郁郁而亡，年仅32岁。

3. 战胜抑郁冷漠，做一个阳光少年

抑郁冷漠的主要表现是少言寡语、孤独抑郁；对一切事物都缺乏兴趣，对未来失去信心，一点微小的过失或缺点也会带来无尽的懊悔；遇事总往坏处想，自怨自艾，无精打采，精神萎靡，表情冷漠。抑郁冷漠是一种消极的情绪障碍，它能扑灭人心头的希望之火，使有才华、有能力的人沦为平庸；它能摧残人的意志，阻抑人的活动，削弱人的能力，损害人的身心健康。因此青少年要战胜抑郁冷漠，做一个阳光少年。

案例分析

小刘是某学校一年级新生，他在进校半学期以来，经常考试不及格，多次受到老师的批评。小刘平时沉默寡言，忧心忡忡。请看他的内心独白："心忧无人知，月夜独自叹。但愿逢知己，解我忧与愁。"原来小刘在中学时虽然成绩不是名列前茅，但也没有不及格的情况，自从进了新的学校，远离父母，新的环境使他不适应，因此便常常沉溺于玩乐，全没了中学时的学习劲头，以至于期中考试几门课程不及格。再加上他自己的生活自理能力较差，和同学们的关系处得不太融洽，使得原本性格内向的他更是忧虑和不安，整天愁眉苦脸，笑口难开，觉得生活没意思，表现出抑郁的心理状态。

消除抑郁冷漠情绪的方法有以下几点：

（1）要学会达观。所谓达观，就是对不如意的事情看得开，懂得社会与人生变化的辩证关系，不把局部困难看成是整体困难，更不把一时的困难看成是永久的困难。对许多事情只要有乐观主义精神、用发展的观点来看，抑郁冷漠就会烟消云散了。

【想一想】

有的同学什么都不在乎，无论是对学习成绩，还是将来的就业，没有一点忧患意

识，这算是达观吗？

【名人名言】

人生是一串由无数小烦恼组成的念珠，达观的人总是笑着念完这串珠。

——大仲马

（2）要加强交往。要尽量参加集体活动，增加与同学们友好往来的机会，同学们的真诚和友谊能使自己感受到集体的温暖，减少抑郁冷漠的情感体验。

（3）要学会心理防御。要寻找引起抑郁事情发生的"合理"原因及其消除办法，防止心理上的创伤。

4. 扑灭冲动的敌对之火

处于青春发育期的年轻人，情感丰富，血气方刚。但由于心理的不成熟和缺乏社会生活的经验，在遇到不太如意的事情时情绪波动较大，容易发生冲动失衡的现象，而在这个方面，男同学比女同学表现得更为明显。有的人常常为一些小事而争吵、谩骂或斗殴。某些个性狭隘的同学容易产生敌对心理，认为周围的人都在轻视自己、伤害自己，因此有着强烈的不满情绪，对他人和集体心怀报复，常表现为喜欢做让老师、家长不高兴的事，搞恶作剧，甚至以戏弄或殴打同学为乐。

您无法改变天气，却可以改变心情；您无法控制别人，但可以掌握自己。

——英国谚语

克服冲动敌对情绪的方法有以下几点：

（1）要提高自己的道德修养，树立正确的是非观念，懂得区分行为的善恶，做到通情达理。

（2）要学会控制自己的情绪，如当别人用讥讽或嘲笑的语言挑衅时，视而不见或置之不理就是一种有效的方法。

（3）要能换位思考。通常年轻人考虑问题时往往强调自己行为的合理性，这样容易出现"得理不饶人"的情况，造成矛盾冲突。同学们如果设身处地为别人多想一想，站在别人的立场上思考问题，就有可能感到自己的想法或做法有偏颇之处，从而使许多误会、冲突、纠纷在相互理解中得到消除。总而言之，同学们应该不断加强自身的修养，逐步达到一种"猝然临之而不惊，无故加之而不怒"的成熟境界。

小钟所在的班里，不知道为什么男同学都容易冲动。例如，楼上宿舍的同学晒衣服时，不小心把水滴到了他们晒的被子上，双方就互不相让，先是争吵，继而大动干戈。再如，一次下课休息时，邻班的两位同学打球，不小心打碎了他们的玻璃

窗,于是他们一哄而上把对方围了起来,若不是老师及时赶来,这场战争在所难免。其实,这些都是小事情,但双方一旦动怒,问题就复杂了,甚至可能酿成大祸。事后他们总是后悔自己的行为,但一遇事又重蹈覆辙,真不知该如何处理才好。

其实,我们应牢记一句话:与其事后后悔不迭,不如遇事三思慎行。

是否能主动积极地适应环境是学生尽快地、更好地融入新的环境,开始新的学习、生活的关键。当出现各种不良心理的时候,我们应该用适当的方法进行及时的调适。并且还要学会恰当的情绪管理的方法,做自己情绪的主人。

三、学会和谐交往

有人说:"人生在世,除了信仰与追求,最重要的莫过于人际关系。"这句话是很有道理的。人们随着年龄的增长,交往的范围不断扩大,特别是青年人有着更强烈、更迫切的人际沟通的需要,渴望与人交往,呼唤真挚的友谊。因此,学会人际交往,建立良好的人际关系,这成为当代青年应当具备的基本素养。

(一)人际交往是生存和发展的需要

所谓人际交往,是指人与人之间通过一定方式进行接触,在心理或行为上产生互相影响的过程。人们之间互相交往、互相依赖,由此产生了各种各样的人际关系。人际交往是人类存在和发展的需要,没有人际交往,社会生活就无法正常进行。

1. 人际交往具有促进社会整合的作用

人际交往是形成各种社会关系的黏合剂。人们之间通过思想、情感的交流,可以增强个人之间、群体之间的理解和团结;通过人际交往,可以消除人们之间的误会和隔阂,避免相互间的干扰和矛盾冲突,促进社会的协调运行。

2. 人际交往具有促进自我认知和自我完善的作用

也就是说,人们可以通过他人对自己的评价和态度,从与他人的关系中认识自我的形象,在与别人的比较中认识自我、完善自我。青少年在成长过程中,由于不易直接观察自己,很可能过高或过低地评价自己。我们可以通过人际交往"以人为镜",在与别人的比较中认识自我,从而实现对自己的客观认识。

3. 人际交往具有信息交流和互补的作用

人与人之间的接触与往来,不仅仅是情感方面的联系,更重要的是信息的交流。在当今信息时代,青少年在人际交往过程中所获得的信息,对他们的学习、生活和自我教育无疑会起到积极的作用。

4. 人际交往还具有身心保健的作用

人际交往无不带有情感色彩,人们相互之间开展积极的人际交往,使双方得到精

神满足和安慰，有益于人的身心健康。医学心理学的研究结果表明，长期独处的人，慢慢会变得精神忧郁，其寿命较乐观开朗、爱交往者要短。人们通过彼此间的交往，诉说各自的喜怒哀乐，吐露心声，增进彼此间的情感交流，这样就可以在心理上产生一种归属感和安全感。

（二）人际交往的基本原则

人际交往是一门艺术，它包括很多的方法、技巧。但是这些方法、技巧都必须在一定的原则指导下才能运用自如。一般而言，人际交往要遵循以下原则：

1. 平等原则

平等待人是建立良好人际关系的前提。平等待人就是要做到为人真诚、尊敬他人，交往不因地位、财富、权力的不同而不同，尊重他人的人格，不随便议论他人，不势利、不献媚。

2. 互利原则

这里讲的互利是指互帮互助、互惠互利、互敬互爱，不做损害他人的事。既要有合作双赢的观念，又要有处处为他人服务的意识。

3. 信用原则

这是基本的为人之道，也是赢得他人信任和尊敬的基本前提。信用原则要求人们在人际交往中说真话、办实事、不欺骗、不虚伪、信守诺言。

4. 相容原则

这是要求做到心胸宽广、为人谦和、不斤斤计较，开朗豁达，勇于听取不同的意见，乐于接受他人的建议和批评。

（三）人际交往的各种技巧

1. 良好的第一印象很重要

初次见面，给人留下好的印象，就会有一个良好的开端；反之，就会给进一步交往蒙上阴影。"第一印象"往往是由人们初次见面时的仪表和言谈决定的，仪表端庄、仪态得体、彬彬有礼、言语文明是给人良好印象的基本条件。

但给人良好的"第一印象"不是故意装出来的，在别人面前的最初几分钟，人的品德、修养、才学等诸种素质的亮相全在于平日积累。当然，对于一个人的认识，也不能仅从"第一印象"出发，因为人的外表与内心并不一定完全相符，尤其是人的外貌和才能没有必然的联系。但如果我们能给他人留下良好的"第一印象"，那又何乐而不为呢？

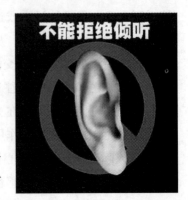

2. 学会倾听

上帝给人们两只耳朵，一张嘴，其实就是要我们多听少说。生活中，有魅力的人一定是一个善于倾听的人，而

不是一个滔滔不绝、喋喋不休的人。倾听，不仅仅是对别人的尊重，也是对别人的一种赞美。倾听是对别人最好的尊敬。专心地听别人讲话，是你所能给予别人的最有效，也是最好的赞美。不管是与什么人交谈，倾听的功效都是同样的。人们总是更关注自己的问题和兴趣，同样，如果有人愿意听你谈论自己，你也会马上有一种被重视的感觉。

真正的倾听，不但要学会用耳朵倾听，还要学会用心去倾听。

倾听的技巧有以下几点：

（1）要有良好的精神状态。良好的精神状态是保证倾听质量的重要前提，如果沟通的一方萎靡不振，是不会取得良好的倾听效果的，而只能使沟通质量大打折扣。要努力维持大脑的警觉，这有助于大脑处于兴奋状态。

（2）及时用动作和表情给予呼应。谈话时，应善于运用自己的姿态、表情、插入语和感叹词。如微笑、点头等，这会使谈话更加融洽。

（3）使用开放性动作。开放性动作是一种传递信息的方式，代表着接受、容纳、兴趣与信任。这会让说话者感到你已经做好准备积极适应他的思路，理解他所说的话，并给予及时的回应。它传达给他人的是一种肯定、信任、关心乃至鼓励的信息。

（4）必要的沉默。沉默是人际交往中的一种手段，它看似是一种状态，实际蕴含着丰富的信息，它就像乐谱上的休止符，运用得当，则含义无穷，可以真正达到"无声胜有声"的效果。但沉默一定要运用得体，不可不分场合，故作高深而滥用沉默。而且，沉默一定要与语言相辅相成，才能获得最佳的效果。

（5）适时适度的提问。适时适度地提出问题是一种倾听的方法，它能够给讲话者以鼓励，有助于双方的相互沟通。

（6）不要随便打断别人讲话，要有耐心。即使对方说话内容很多，或者由于情绪激动等原因，语言表达有些零散甚至混乱，你都应该耐心地听完对方的叙述。千万不要在别人没有表达完自己的意思时，随意打断别人的话语。当别人流畅地谈话时，随便插话打岔，改变说话人的思路和话题，或者任意发表评论，都被认为是一种没有教养或不礼貌的行为。

总之，倾听需要做到耳到、眼到、心到，当你通过巧妙的应答把别人引向你所需要的方向或层次时，你就可以轻松掌握谈话的主动权了。

倾听是我们对别人一种最好的尊敬，很少会有人拒绝接受专心倾听所包含的赞许。所以，做人不仅要会说，更要会听。善于倾听，就会让你处处受到欢迎。

案例分析

美国知名主持人林克莱特一天访问一名小男孩，问他说："你长大后想要当什么呀？"小男孩天真地回答："嗯……我要当飞机的驾驶员！"林克莱特接着问："如果

> 有一天，你的飞机飞到太平洋上空时，所有的引擎都熄火了，你会怎么办？"小男孩想了想："我会先告诉坐在飞机上的人绑好安全带，然后我挂上我的降落伞跳出去。"当现场的观众笑得东倒西歪时，这个男孩委屈地低下了头。林克莱特却没有笑，仍微笑着继续注视着孩子，耐心地倾听着，并朝他微微点头，鼓励他继续说下去。接着孩子的两行热泪夺眶而出，他抬起头，告诉了大家答案——一个孩子真挚的想法："我要去拿燃料，我还要回来！"

3. 提高沟通的技巧

人际沟通可分为语言沟通和非语言沟通。语言沟通有口头语言和书面语言之分。在语言沟通方面，我们应该注意培养自己良好的语言习惯。

（1）注意说话时的口头禅。我们常见的口头禅有两种：一是说话时常带有指责和轻蔑意味的词语，如"扯淡""胡说""废话"等，这种口头禅往往会伤害他人的自尊心，引起他人的反感；二是说话带脏字，这种口头禅给人一种侮辱人格的感觉，往往一出口就会引发矛盾。

（2）注意看对象和场合。中国的语言十分丰富，不同的对象、不同的场合，有不同的交往语言，如果应用不当，就会造成误解，引起不快。

（3）注意使用礼貌用语。看似简单的"对不起""没关系""谢谢""再见""麻烦了""多关照"等一些礼貌用语，在人际交往过程中所起的作用是相当大的。

（4）注意对方的隐私和忌讳。每个人都有自己的隐私和忌讳，交流时一定要注意避免涉及。如无意识地冒犯了对方，使对方不快，应马上道歉，求得谅解。

在人们的交往中，还要重视非语言沟通的作用。非语言沟通是指人们通过眼神、姿态、表情、动作、声调等手段相互交流信息。因为这些都反映了一个人的认知状态和内心情绪体验，表现出人的喜、怒、哀、乐、悲、愁、苦等情感。俗话说："眼睛是心灵的窗户。"步态能反映个性，动作能表达情绪，语调和表情能传递情感信息。所以，非语言沟通是语言的进一步表达或修饰，在人际沟通中起着重要作用。

4. 学会调侃

在日常的人际交往中，学会调侃，不仅可以营造愉悦的社交氛围，把严肃的谈话变得活泼轻松，使枯燥的话题富有情趣，也增加了彼此间的亲和力和认同感，从而使人们一扫精神上的紧张，减轻压力，有益于身心健康。

所谓"调侃"，并非无聊的戏谑、矫情的卖弄，不是刻意地去制造一些令人生厌的庸俗笑料。调侃有别具一格的语言特色，在诙谐、幽默、妙趣横生的谈吐中，闪烁着智慧的光芒。

案例分析

有一位钢琴演奏家去一个城市演出,结果发现上座率不到5成,场面非常尴尬。这位演奏家虽然也有些心理失落,但是他立马调整好自己的情绪对台下的观众说:"这座城市一定是一个非常富有的地方,因为,每位观众都买了两三张票来听我的演奏会。"此举顿时缓和了现场的气氛,这位演奏家也非常出色地完成了演出。

学会调侃,首先得培养乐观、开朗、合群的性格,注意语言技巧训练和口头表达能力,还要去观察社会、洞察人生,做生活的有心人。平时,不妨更多地涉足社交场合,亲近信息媒体,并有意识地去阅览一些帮助提高语言艺术的书刊读物,结交一些有辩才、富有幽默感的朋友。当然,调整好健康的心态,把握好场合、对象,善于捕捉调侃的最佳角度和时机,锻炼自己的应变能力也至关重要。

(四) 常见的人际关系的处理方式

1. 同学关系

(1) 用理解开启心灵。理解是相互的,不理解别人的人也很难被别人理解。理解是信任的前提,信任是理解的延伸,愈理解才愈信任,友谊才能长存。善于理解对方,是人际交往的一个秘诀。试想一下,当你受了委屈时,听到同学或朋友说出"我知道你心里很委屈,难过的话就出说来吧,说出来会舒服些"等温暖理解的话语,你的感受会怎样呢?你又会给对方什么样的回应呢?反过来,当你理解他人的时候,也是一样的。因此,相互理解不是一句空话,而是存在于这些实实在在的小事中。

"吊瓶男孩"的友谊给了你什么样的感受?

(2) 用平等获得尊重。事事大一统,步调永远协调一致是不可能的。我们在人际交往过程中,如果要求百分之一百的一致,是永远不可能有和谐的人际关系的。因为每个人都是不同的,你喜欢按自己的想法做事,也就不可能苛求他人和你的想法一样。人与人本身就是不一样的,因此要尊重这种个别差异。其实,许多想法或观点之间的矛盾都是角度不同造成的,如果站在他人的角度思考一下,你就会发现,谁都有自己的道理和想法。所以,尊重别人,别人也会尊重你。如果因为一点分歧和成见便发生冲突,就永远不可能拥有真正的朋友。

(3) 用宽容化解矛盾。我们所面临的人际交往问题,有许多都是因为不善于宽容所造成的。当同学或朋友有意无意地做了令你伤心的事情,你会怎样做呢?是仇恨还是谅解?是从此分道扬镳,还是宽大为怀?如果采取宽容的态度,表现出豁达的胸襟,你得到的不仅是他人的友谊和肯定,更重要的是能够净化自己的心灵,使自己保持一

种愉悦平和的心态。宽容不是纵容，更不是毫无原则地姑息迁就，如果在原则问题上真的无法调和，即使付出失去朋友的代价，也不能失去原则。

2. 同乡关系

同学们有的来自本地，也有的来自全国各地。由于生活环境的变化，生活习惯的不适应，或人际关系的不协调，难免会产生对故乡的思念。所以，校园内的同乡常常会形成一种以乡情、乡俗为纽带的老乡关系。在同乡关系的处理上要避免"老乡主义"的小团体意识。由于是同乡，相互之间互帮互助是应该的，但当同乡需要帮助时，一定要注意所做的事情是否符合法律、道德、校规校纪的要求，千万不能因为所谓的"老乡关系"，情面难却，而做一些不应该做的事，更不能仰仗自己高年级的同乡为自己出气，甚至去欺负自己的同学。

案例分析

因为篮球场上的几句口角，某职业学校一年级学生小张与二年级学生小李发生了推搡。事后，小张感觉自己受欺负了，难以咽下这口"恶气"，于是把事情告诉了同乡杨某、袁某、宋某、王某、郭某，要求看在老乡的"面子"上，帮他出出这口气，去教训下小李。最后，极为够义气的老乡们集体去找小李，要求其道歉，并在协商未果的情况下发生了厮打，而本来就患有脑血管病的小李，在一阵拳打脚踢中死亡。

3. 师生关系

师生关系的处理主要应该遵循"尊重知识""尊敬老师"和"爱护学生"的基本要求。那么，从学生的角度来看，应该如何处理师生关系呢？

（1）对老师要有礼貌。养成主动向老师问好的习惯，早上问"老师早"，见面道一声"老师好"，分手道一声"老师再见"，去教师办公室时先喊"报告"，经允许后方可进入。给老师递东西或接受老师交递的东西时，要双手递送或接受，以示敬意。不要背后议论教师，不要直呼其名，更不能给教师起"绰号"。

请思考图片中的老师正在为了什么而生气？

有的学生对给自己上课的老师有礼貌，但对其他老师，特别是学校中的管理服务人员就不理不睬，这是不懂礼貌的表现。

（2）虚心听从老师的教诲。虚心向老师请教，按照老师的要求去学习，不顶撞老师，不强词夺理，乐于接受老师的帮助教育。

（3）遵守课堂礼仪。上课专心听讲，不做与教学无关的事情，主动配合教师开展

教学。课堂提问要先举手，老师示意后起立回答，经允许后再坐下。进入课堂应该衣冠端正、举止文明。

4. 亲子关系

父母赐予我们生命，哺育我们成长，是我们的第一个朋友，第一位老师。父爱如山，母爱如灯。然而，面对父母无微不至的关心，你感受到的可能只是厌烦；面对父母苦口婆心的教诲，你的反应可能只是顶撞。其实，良好的亲子关系对我们的健康成长非常重要。父母的爱永远是子女安全的港湾。

作为子女，我们该如何更好地与父母沟通，建立良好的亲子关系呢？

（1）尊重父母，关心父母。有事多和父母商量，听取父母的建议和意见，不要对父母不爱搭理或者出言顶撞。经常打电话回家，问候父母的身体情况和家庭生活情况，主动告诉他们自己的学习、生活情况。放假回家给父母带点小礼物，经常在家里和父母聊家常，满足父母的小愿望等，让父母感到孩子心中有他们，时刻关心着他们。

（2）要主动承担力所能及的家务活。父母除了工作外，还要为子女、为家庭生活而忙碌。作为子女要体谅父母、体贴父母，尽量不让父母操心，这是减轻父母负担最直接的实际行动。例如，刻苦学习，取得优异成绩；勤俭节约，不乱花钱；爱惜自己的身体，努力提高生活自理能力，安排好自己的生活等。

（3）练习沟通，减少代沟。青少年应该与父母经常沟通，谈谈自己的见解和想法，帮助父母了解自己到底在想什么、关心什么，跟他们上一代有何不同的思想与观念。经过做这样的沟通与交流，可减少代沟，免除不必要的误会和矛盾。由于时代背景的不同，双方的思想、观念必然会有一些不同，这时我们不应去争辩到底哪方是对，哪方是错，而应该想办法去体会、谅解对方的出发点与想法。拉近与父母之间的差距，这是做子女的一份责任。

 探究实践

【资料卡片】

美国心理学家埃里斯根据他的研究，总结了人们常有的 11 种不合理信念：

◆ 一个人绝对要获得周围的人，尤其是每一位生活中重要人物的喜爱和赞扬。

◆ 个人是否有价值，完全在于他是否是个全能的人。

◆ 世界上有些人很邪恶、很可憎，应该对他们进行严厉的谴责与惩罚。

◆ 如果发生与自己意愿相违背的事情，那将是十分可怕的。

◆ 不愉快的事总是由于外在环境的因素引起的，不是自己能够控制和支配的。

◆ 面对现实中的困难和自我所承担的责任是件不容易的事情，倒不如逃避它们。

◆ 人们应该对危险和可怕的事随时加以警惕，关心并不断注意其发生的可能性。

◆ 人必须依赖别人，特别是某些与自己相比强有力的人，只有这样，才会生活得更好。

◆ 一个人以往的经历和事件常常决定了他目前的行为，而且这种影响永远难以改变。

◆ 一个人应该关心他人的问题，并为他人的问题而悲伤。

◆ 每一个问题都应有一个唯一的正确答案，如果找不到这个答案，就会痛苦一生。

【心态调整的方法】

☆ 逃避不一定躲得过。

☆ 面对不一定不快乐。

☆ 得到不一定能长久。

☆ 失去不一定不再有。

☆ 转身不一定最软弱。

活动天地

构建班级树

1. 在白纸上绘制班级树轮廓，并将其固定在黑板上。准备水彩笔若干。

2. 如果用这棵树代表我们的班级，那么我们每一个人就是这个大家庭中不可或缺的一分子。现在请大家认真想想你愿意做这棵树上的什么？可以是叶子、花朵、果子、清风、阳光、雨露、小鸟、昆虫……任何你想在班级里扮演的角色、想做的那部分，请选择你喜欢的颜色笔，将你想做的那个角色画在你喜欢的位置并签上你的名字。

3. 学生用2~3分钟思考，认真选择自己要在班级树上扮演的角色，明确自己在班级中的位置与角色。

4. 全班学生依次到大白纸上画自己想在班级树上扮演的角色，并集体为这棵树起名字。

5. 观察原先光秃秃的班级树在一点点变得丰富多彩，枝繁叶茂。体验班级是大家的，每一个人对班级而言都非常重要的感觉。

6. 每人一张彩色心愿纸（可粘贴便笺条），在上面写一句自己最想对班级树说的话，并签上姓名。

7. 请大家带着任务观察同伴画画：哪些同伴画的角色与自己一样？他（她）是如何表达这个角色的？选择这个角色的理由跟我一样吗？我们的班级树上最多的角色是什么？这意味着什么？

8. 分享：你在树上画了什么？为什么选择画它？你最想对班级树说的一句话是什么？分享完毕，就将心愿纸粘贴到自己所画角色的位置，注意不要盖住自己的名字。

温馨提示

应对压力的办法

一、承认你体验到的压力，它是不可避免的。

二、评价环境。

三、考虑可能的应对政策。

1. 不要超出你能控制的范围；
2. 立刻处理有压力的事件；
3. 灵活；
4. 知道自己并不总是正确的或完美的；
5. 自信；
6. 学会说"不"；
7. 预期压力事件并做好准备；

8. 表达你的感受。

四、学习管理时间的方法。

1. 设置现实的目标和重点；
2. 根据事情的轻重缓急组织时间；
3. 将复杂事件分解为各个部分；
4. 一次完成一件事情；
5. 安排放松和空闲的时间；
6. 保护自己免除厌倦。

五、关注个人健康。

1. 充足的休息；
2. 正常的饮食；
3. 锻炼；
4. 避免不良的行为习惯。

六、发展友谊。

七、帮助他人。

八、接受自己。

说话的艺术——从说话开始改变人际关系

急事，慢慢地说。增加别人对你的信任。

小事，幽默地说。别人容易接受，增强亲密感。

没把握的事，谨慎地说。会让人感到你是个值得信赖的人。

没发生的事，不要胡说。会让人觉得你为人成熟，有修养，做事认真，有责任感。

做不到的事，别乱说。人们愿意相信你。

伤害人的事，不能说。你是个善良的人，有助于维系和增进与他人的感情。

伤心的事，不要见人就说。不要做现代版的祥林嫂。

别人的事，小心地说。人与人之间都需要安全距离，会给人带来交往的安全感。

自己的事，听别人怎么说。做个谦虚、明事理的人。

尊长的事，多听少说。尊敬长辈，谦虚好学。

专题十

追求自信自强

学习目标 XUEXI MUBIAO

1. 知识目标
- 说出自信的含义与作用。
- 列举提升自信的方法。
- 说出自强的含义与作用。

2. 能力目标
- 能够对自信者与自卑者的特质进行辨析。
- 能将提升自信的方法运用到日常学习、生活中。
- 能够以积极的心态面对困难和挫折。

3. 价值目标
- 主动发展自己,追求自信自强的信念。
- 认同看待困难和挫折的观点。
- 认同并积极进行自我暗示与自我激励,获得自信、充实、不断完善的人生。

学习重点 XUEXI ZHONGDIAN

- 提升自信的方法。
- 自我暗示与自我激励。

学习难点 XUEXI NANDIAN

- 提升自信的方法。
- 自我暗示与自我激励的方法。

新课导入

有很多思路敏锐、天资高的人,却无法发挥他们的长处参与讨论。并不是他们不想参与,而只是因为他们缺少信心。

——拿破仑·希尔

案例分析

阿海是某职校学生,他来自偏远的乡村,家庭贫困,自幼多病,但他做事勤快、独立性较强,凭着自己的刻苦努力和天资聪颖,考上了职校。他本来应该充满希望地开始新的学习和生活,可是,入校一段时间之后,他就开始逐渐悲观失望起来。

原来,他与周围众多来自城市的同学相比,在许多方面都相差悬殊。例如:城市的学生善于交际,与许多人都能交朋友,而他的交际方式单一,很少与别人交往,感到孤独;城市的学生多才多艺,打球、唱歌、上网等学起来都很快,而他从身体到头脑接受这些都比别人要慢得多;此外,在经济上和生活上的差距就更加明显了。

于是,阿海就认为自己永远无法与别人相比,没有能力在各方面令自己满意,无论怎样努力,也难获得成功。从此,学校的学习和生活对他来说成了沉重的负担和令人窒息的压力,阿海逐渐失去了以往的自信。

【想一想】

☆ 和城市长大的同学相比,阿海有哪些优点呢?

☆ 阿海为什么会不自信呢?

☆ 如果你是阿海的好朋友,你会怎么帮助他?

【评一评】

如果不发挥自己的优点,而用个别的、暂时的、非致命的缺点轻率地、全面地否定自己,不能从这种自卑情绪中走出来的话,其结果不亚于慢性自杀。

一、积极培养自信,打造完善人生

(一)自信的含义与作用

自信,又称自信心,是相信自己有能力实现既定目标的心理倾向。拥有自信不仅是心理健康的一种表现,而且是学习、事业成功的有利心理条件。

【想一想】

我们是否存在以下想法或观念?

☆ 在学习方面:"考前我常感到紧张""现在听不懂课,是因为自己原来基础差"。

☆ 在社交方面:"我是丑小鸭,没人关注我""老师提问,我也知道答案,可就是

不敢举手发言""参加集体活动，如果做不好，多丢人啊"。

☆ 在情感方面："我没有知心朋友，所以很孤独"。

☆ 沉迷问题："我喜欢网络，因为在网游里我是英雄""我的偶像是明星，真希望能处处像偶像一样"。

由于我们不能够全面客观地评价自己、认识自己，就不能接受自己可能会产生的方方面面的问题。因此在学习、生活中，首先我们要认识到自己的能力，充分挖掘生活中的成功经验；其次，要享受他人的欣赏，获得他人的认可；最后，运用我们的能力，承担一定的责任，认识到我们的价值，能够进一步增强自信心。

案例分析

2008年，国际金融危机加剧，世界经济增长放缓，国内经济运行出现了一些新情况、新问题。面对严峻挑战，我们如何应对？这是一个无法回避的紧迫课题，事关国家当前和长远的发展。2008年9月24日下午，在纽约华尔道夫饭店，面对美国经济、金融界知名人士，中国国务院总理温家宝，斩钉截铁地说："在经济困难面前，信心比黄金和货币更重要。"他还说："一个民族、一个国家在困难的时候，如果失去信心，那就失去一切；有了信心，才有力量的源泉，才有勇气。"

【想一想】

你如何理解温家宝总理所说的"信心比黄金和货币更重要"？

自信是打开自己潜能宝库的钥匙。人的潜能犹如一座等待开发的金矿，蕴藏量无穷，我们每个人都有一座潜能金矿。充满自信，才能开发出埋藏在深处的巨大潜能，能力才会得到极大的提升，人生才能达到一个新的高度。而丧失自信的人，在遇到困难和挫折时，往往自暴自弃，有的还自轻自贱，最后放弃了努力。没有自信的人，是不可能在事业上取得成功的。

（二）体验成功，找寻自信

社会像一个舞台，每个人在台上扮演着属于自己的角色，每个人也都希望自己所扮演的角色能光彩照人。但是，在每一次"出场亮相"之前，我们多少都会感到紧张和不安。许多人既渴望表现自己，又害怕表现自己；既不愿把角色演得平淡无奇，又担心自己缺乏能力不能演得精彩。因此往往会出现放弃、退缩等情况，失去了证明自己、磨炼自己、让别人认可自己的机会。长此以往，一个人即使有再多的潜力，也会由于潜能无法转化为现实的成功，而使自信动摇以致被湮没，在社会的舞台上成为暗淡无光的角色。

【议一议】

让你记忆犹新的一次成功经历是什么？你那时的感受是怎样的？如果你能选择的话，

你希望让什么重现？请你对照以下自信者和自卑者的特质表现，客观评价一下自己。

1. 自信者的特质表现

（1）价值感强。

有较强的自我价值感。因为对自己有信心，所以满足，但不自傲。

（2）心无畏惧。

不会畏惧压力或嘲笑。因为有自信，所以勇敢，但不顽固。

（3）勇于表达。

所要表达的意思能让别人清楚地接受。因为举止、声调、姿势、态度都能配合自己的决心，所以温和，但不羞怯。

（4）重视权益。

能在环境中坚持自己的权益，且重视别人的权益。因为能与人平等交往，所以能从别人的尊重中更关注自身的价值。

2. 自卑者的特质表现

（1）否定自己。

总觉得自己比别人差，很容易放弃自己的想法。

（2）行为退缩。

宁愿躲在人群中，不愿与别人做眼神接触。

（3）不敢争取。

不敢争取自身的利益，即使表达自己的需要，也常含混不清。

（4）感觉压抑。

不但常被别人轻易地伤害欺负，而且有时甚至无意中引导别人来占便宜。

平凡并不可怕，关键是要做最好的自己。自信不是关起门来自我欣赏，也不仅仅是停留在信念、愿望之中的一个概念，而是体现在赢得他人的认可，落实在富有成效的活动当中。我们每一个人在成长的历程中，都得自己主宰自己的命运，而自信能让人在内心世界撑起一把自强、自尊、自立、自爱的伞，它是内心世界垫起的一块石头，举起了无数的困难和挫折。我们应当自始至终信任自己、珍惜自己、激励自己，坚定地捍卫自信。

活动天地

【活动题目】 一分钟鼓掌

1. 请每个同学写下预计自己一分钟内可以鼓掌的次数。
2. 计时开始，每个同学自己记录次数。
3. 共同探讨增加鼓掌次数的方法。

> 4. 重新记数。
>
> 【活动分析】
>
> 获得成功的过程。
>
> 兴趣→尝试→经验（成功经验与失败教训）→能力＋肯定→自信＋学习与成长→成功。
>
> 【活动结论】
>
> ☆ 自信是获得成功的基础；
>
> ☆ 拥有自信，通过学习、总结、行动就能获得成功。

二、积极进取，自强不息

（一）自强的含义与作用

自强是指一个人所具有的自立自主、奋发向上、不断进取的精神。自强是战胜各种困难的法宝，是人生进取的动力，是通向成功的阶梯。具有自强精神的人，面对困难不低头，面对挫折能进取，自尊自爱，不卑不亢，勇于开拓、积极进取，志存高远、执着追求。

自强让一个人活出尊严，活出个性，是我们健康成长、搞好学习、成就事业的强大动力。自强不息是我们中华民族几千年来熔铸而成的民族精神，正是这种民族精神，使中华民族历经沧桑而不衰，饱经磨难而更强，豪迈地立足于世界民族之林。

案例分析 ○ ○ ○

> 许多伟大的人，都是在经历了许多坎坷和磨难之后才发展成长起来的。我国汉代的司马迁耻遭宫刑后，发奋写成千古不朽的巨著《史记》；南非前总统曼德拉，为民族解放事业不懈奋斗，曾在监狱里被关押了27年，最后终于在南非建立了没有种族歧视的民主制度；邓小平一生历经"三落三起"，最终为开创中国特色社会主义道路做出了杰出贡献。
>
> 美国历史上最伟大的总统亚伯拉罕·林肯，一生中曾遭受过无数重大挫折：7岁，全家被赶出居住地；9岁，母亲不幸去世；22岁，经商失败；23岁，竞选州议员落选；24岁，经商破产；26岁，未婚妻去世；27岁，精神崩溃，卧病在床6个月；29岁，竞选州议员的发言人失败；31岁，竞选选举团落选；34岁，角逐联邦议员落选；37岁，当选国会议员；39岁，连任国会议员失败；46岁，竞选参议员落选；47岁，提名副总统落选；49岁，角逐联邦众议员落选。然而，在他51岁时终

于当选为美国总统。

他对自己的总结：家境贫寒，母亲早亡，孤苦奋斗，厄运不断。两次经商、两次失败；十一次竞选，八次失败。为此他也曾经心碎过、痛苦过、崩溃过。有好多次，都绝望之极，担心自己会不会再爬起来。

他对自己的评价：虽然心碎，但依然火热；虽然痛苦，但依然镇定；虽然崩溃，但依然自信。因为他坚信对付屡战屡败的最好办法，就是屡败屡战、永不放弃。

【名人名言】

天将降大任于斯人也，必先苦其心志，劳其筋骨，饿其体肤，空乏其身，行拂乱其所为，所以动心忍性，增益其所不能。

——孟子

（二）以积极的心态面对困难和挫折

生活中不可能都是掌声和鲜花。每个人都会经历风风雨雨，遭遇困难、经受挫折是生活中难以避免的事情。人生是个大舞台，任何经历都是宝贵的财富。我们应该相信，不论风雨多大、乌云多密，它们终将过去，曾经被乌云遮住的阳光，依旧灿烂。

带着妹妹上大学

在2005年"感动中国"的十大人物颁奖现场，主持人朗读了这样一段颁奖词："当他还是一个孩子的时候，就对另一个更弱小的孩子担起了责任，就要撑起困境中的家庭，就要学会友善、勇敢和坚强。生活让他过早地开始收获，他由此从男孩开始变成了苦难打不倒的男子汉，在贫困中求学，在艰苦中自强。今天他看起来依然文弱，但是在精神上，他从来都是强者。"这就是洪战辉。在他13岁时，母亲离家出走，他要照顾患有间歇性精神病的父亲，抚养捡来的不到周岁的弃婴妹妹，照顾年幼的弟弟。在极其艰难的环境下，他  没有放弃，从16岁开始，他就把4岁的妹妹带在身边，外出一边打工一边求学，用打工赚来的钱养活自己和妹妹，为父亲买药、治病，供自己和弟弟、妹妹上学，受尽了辛劳和磨难。12年来，他不仅把妹妹从一个嗷嗷待哺的婴儿养成一个懂事的学生，还迎回了母亲，考上了大学，终于改变了自己的生活。他的名言是："苦难的经历并不是我们博得别人同情的资本，奋斗才是最重要的。"

【想一想】

在艰难的环境下,洪战辉保持了怎样的良好品质?他是如何摆脱困境的?你是如何理解他的话的?

以积极的心态面对困难和挫折,要求我们在任何情况下都要保持必胜的信念,不要放弃积极向上的生活目标和希望。只要有目标,人就会奋斗,就会有勇气克服困难,战胜挫折。战胜困难还需要经历一个痛苦的过程,需要有顽强的意志、坚定的信念,永不言败、永不放弃。

案例分析

一只鸡蛋落在地上,它悲伤地哭道:"我完了,我这只倒霉蛋。我为什么这么倒霉?"接着就粉身碎骨,壮烈牺牲了。一块石头落在地上,它愤怒地大叫:"谁敢跟我作对?你硬,我比你还硬!"它把地面砸了个坑,但它自己也深陷其中,出不来了。它气急败坏,但无能为力。一个皮球落在地上,砸得越猛它弹得越高,然后轻巧地换了个姿势,在地上打了个滚,就蹦蹦跳跳地走了。

这个故事让同学们想到什么呢?面对困难和挫折,你会怎样做呢?

鸡蛋、石头、皮球的遭遇,反映了我们对挫折的不同态度。有的人遇到挫折会一败涂地,再也站不起来;有的人遇到挫折暴跳如雷,继续撞南墙;有的人遇到挫折,轻轻一笑,改变一个方向,又上路了。

面对跌倒,失败先生说:"这破路也太不平坦了!"平凡先生说:"谁来帮帮我啊?"而成功先生说:"我要继续向前冲!"

跌倒了不叫失败,跌倒了爬不起来或者不爬起来,那才叫失败。

面对困难和挫折时学会应对,对个体的健康成长十分重要。正确分析产生挫折和困难的原因后,我们可以采取以下措施:

1. 重树目标

重新认识自我,寻求适合自己个性特点的成功之路。

2. 取代转移

向他人倾诉,参加各种活动,转移注意力。

3. 自我安慰

如告诉自己"塞翁失马,焉知非福"等。

4. 合理宣泄不良情绪

保持乐观、积极的态度,用自我暗示法可减轻心理压力,调节情绪。犯了错误,受了别人冷落,要换位思考,理解这种冷落是没有恶意的。对外界的议论、误解,不争一日之长短,咬咬牙振作精神,告诫自己,前途是光明的。当发展受挫,则可对自

己说,不经过巨大的困难的磨炼,就不会有伟大的成功。当考试失利,前途渺茫时,坚定信念,相信自己只要有恒心、有毅力,最终就会成功。

【名人名言】

世界上的事情永远不是绝对的,结果完全因人而异。苦难对于天才是一块垫脚石,对于能干的人是一笔财富,对弱者是一个万丈深渊。

——巴尔扎克

三、自我暗示与自我激励

拿破仑·希尔曾经说过:"一切的成就,一切的荣誉,都始于一个意念。"实施积极的自我暗示,就是自我激励,即激发自己,鼓励自己,充实动力源,使自己的精神振作起来,从而使自己保持良好的心态,激发自身的潜能,努力去实现自己预定的目标。

【名人名言】

强烈的自我激励是成功的先决条件。

——斯普林格(德)

美国心理学家詹姆斯的研究表明:一个没有受激励的人,仅仅能发挥他的能力的20%~30%,而一旦受到激励,他的能力可以发挥到80%~90%,相当于激励前的3~4倍。在现实生活中,我们每个人都比较在乎他人或社会对自己的议论和评价,都期待着别人或社会对自己的肯定、赞扬。因为这些话能让我们感到自己受到他人的尊重,感受到自己个体存在的价值,使我们更有自信,从而激发我们的潜能。

活动天地

【自我肯定】

1. 在白纸上画出一个黑色的圆点。请问同学们看到了什么?
2. 请对照以下条目,在自己能做到的项目后面画"√",看看你对自己的关爱是否足够。

(1) 停止对自己的批评。
(2) 不要自己吓自己。
(3) 保持温柔、善良和忍耐。
(4) 好好对待自己。
(5) 悦纳自己、称赞自己、支持自己。
(6) 保重身体。
(7) 注重自己的感受。

(8) 立刻行动。

找出最不易做到的几项，全班一起想对策。

【自我激励练习】

1. 请同学们写出几句考试前、表演前、比赛前经常运用的自我暗示语句。

2. 分析这些自我暗示是消极的还是积极的。

3. 肯定地表达自己的感受。如"别紧张"（消极）改为"沉着、冷静、放松""千万别失误"（消极）改为"全力以赴，一定能做好"。

4. 面对全班同学大声喊出来。

小 结 XIAOJIE

自信是学生走向成功之路的通行证，掌握提升自信的方法，将会使学生更好地接纳自己，充满信心地面对未来。

困难与挫折无处不在，以积极的心态采取树立目标、取代转移、自我安慰及合理宣泄的方法会帮助学生不断增强内心力量，应对未来挑战。

积极的自我暗示与自我激励会让学生感受自己存在的价值，不断激发潜能，以宽容、友善和乐观的态度面对生活。

【课后作业】

改善自我暗示语句，运用到日常生活中，并写出感想。

 探究实践

提高自信的方法

这是一些需要我们常常自己体验的方法，这会帮助我们更好地正视自己，接受自己。

1. 每天说句"我行""我能行"

要用心说出"我行""我能行",或选一个比较空旷的地方大声喊上几次,或暗自在心里念上几句,或每天对着镜子中的自己说几次。默念时要果断,要反复念,特别是在遇到困难时更要默念。只要你坚持默念,特别是在早晨起床后反复默念几次,在晚上临睡前默念几次,就会通过自我的积极暗示心理,使我们逐渐树立信心,拥有心灵的力量。

2. 学会赞扬自己

自信是保持愉快情绪的重要条件,自信来自于对自我的正确认识和评价。适当地赞美自己,有助于增强自信、增添快乐。如每天用1分钟大声讲述自己的优点,对着镜子表扬自己等。

3. 多想开心的事

在我们的生活中,肯定有很多的事情让自己开心,开心的事一般来说就是自己做得很成功的事情,这是你信心的产物,也是你心灵力量的产物。多回忆一下这样的事情吧!每个人多回忆自己开心的事,将使我们正确估计自己的力量。

4. 面带微笑

笑是快乐的表现。笑能使人产生信心和力量;笑能使人心情舒畅,振奋精神;笑能使人忘记忧愁,摆脱烦恼。没有信心的人,常常愁眉苦脸,无精打采,眼神呆滞;雄心勃勃的人眼睛炯炯有神,满面春风。

5. 热情正视他人

一个人的眼神可以透露出许多有关他的信息。不正视别人通常意味着:在你旁边我感到很自卑,我感到不如你,我怕你。躲避别人的眼神意味着:我有罪恶感,我做了或想到什么我不希望你知道的事,我怕一接触你的眼神,你就会看穿我。这都是一些不好的信息。热情正视别人等于告诉他:我很诚实,而且光明正大。请相信我告诉你的话是真的,你完全可以依赖我。让眼睛为我们工作,这不但能给我们信心,也能为我们赢得他人的信任。

6. 挺胸抬头

人的姿势与人的内心体验是相适应的,姿势的表现可以与内心的体验相互促进。一个人越有信心,越有力量,便越昂首挺胸。成功的人、得意的人、获得胜利的人都是意气风发的人。一个人越没有力量、越自卑,就越无精打采、垂头丧气。学会自然地昂首挺胸,就会逐步树立信心,增强信心。

7. 把走路的速度加快25%

许多心理学家将懒散的姿势、缓慢的步伐跟对自己、对生活以及对别人的不愉快的感受联系在一起。心理学家还告诉我们,改变姿势与速度,可以改变心态。你若仔细观察就会发现,身体的动作是心灵活动的结果。那些遭受打击、被排斥的人,走路都拖拖拉拉,完全没有自信心。普通人有"普通人"走路的模样,做出"我并不怎么以自己为荣"的表白。另一种人则表现出超凡的信心,走起路来比一般人快,像跑

他们的步伐告诉整个世界：我要到一个重要的地方，去做很重要的事情，更重要的是，我会在15分钟内成功。使用这种"走快25%"的技术，抬头挺胸，走快一点，我们就会感到自信心在滋长。

8. 欣赏振奋人心的音乐

我们都有这样的情绪体验，当听到雄壮激昂的《义勇军进行曲》时，往往因受到激励而热情奔放，斗志昂扬；当听到低沉、悲壮的哀乐时，往往便有悲痛、怀念之情涌上心头。当人受到挫折的时候、情绪低沉的时候、缺乏信心的时候，选择适当的音乐来欣赏，能帮助我们振奋精神。如《歌唱祖国》《闪闪红星》《黄河大合唱》《五星红旗》等。

9. 练习当众发言

在会议中沉默寡言的人都认为："我的意见可能没有价值，如果说出来，别人可能会觉得很愚蠢，我最好什么也不说。而且，其他人可能都比我懂得多，我并不想让他们知道我是这么无知。"这些人常常会对自己许下诺言："等下一次再发言。"可是他们很清楚自己是无法实现这个诺言的。每次这些沉默寡言的人不发言时，他就又中了一次缺少信心的毒素，他会愈来愈丧失自信。

不论是参加什么性质的会议，每次都要主动发言，也许是评论，也许是建议或提问题，都不要有例外。而且，不要最后才发言。要做破冰船，第一个打破沉默。也不要担心你会显得很愚蠢，因为总会有人同意你的见解。所以不要再对自己说："我怀疑我是否敢说出来。"用心获得会议主席的注意，好让你有机会发言。从积极的角度来看，尽量发言，会增加信心，下次也更容易发言。所以，要多发言，这是信心的"维他命"。

10. 练习爽朗的笑

大部分人都知道笑能给自己很实际的推动力，它是医治信心不足的良药。但是仍有许多人不相信这一套，因为在他们恐惧时，从不试着笑一下。真正的笑不但能治愈自己的不良情绪，还能化解别人的敌对情绪。如果你真诚地向一个人展颜微笑，他实在无法再对你生气。放声大笑，你会觉得美好的日子又来了。笑就要笑得"大"，半笑不笑是没有什么用的，要露齿大笑才能有功效。我们常听到："是的，但是当我害怕或愤怒时就是不想笑。"当然，这时任何人都笑不出来。窍门就在于你强迫自己说："我要开始笑了。"然后，笑。要控制、运用笑的能力。

11. 挑前面的位子坐

你是否注意到，无论在教学或在教室里举行的各种聚会中，后排的座位是怎么先被坐满的吗？大部分占据后排座的人，都希望自己不会"太显眼"。而他们怕受人注目的原因就是缺乏信心。坐在前面能建立信心，把它当作一个规则试试看，从现在开始就尽量往前坐（或往前站）。当然，坐（站）前面会比较显眼，但要记住，有关成功的一切都是显眼的。

【歌曲欣赏】

《我相信》

想飞上天，和太阳肩并肩。世界等着我去改变，想做的梦从不怕别人看见。
在这里我都能实现，大声欢笑让你我肩并肩，何处不能欢乐无限。
抛开烦恼，勇敢地大步向前，我就站在舞台中间。
我相信我就是我，我相信明天，我相信青春没有地平线。
在日落的海边，在热闹的大街，都是我心中最美的乐园。
我相信自由自在，我相信希望，我相信伸手就能碰到天。
有你在我身边，让生活更新鲜，每一刻都精彩万分，I do believe。

《从头再来》

我不能随波浮沉，为了我挚爱的亲人。
再苦再难也要坚强，只为那些期待的眼神。
心若在，梦就在，天地之间还有真爱。
看成败人生豪迈，只不过是从头再来。

《左手右手》

在困难来临的时候，请你举起你的左手，左手代表着方向，他不会向困难低头。
当遇到挫折的时候，请你举起你的右手，右手代表着希望，他不会为挫折发愁。
当左手拍向右手，我们的步伐就有节奏；
当右手拍向左手，我们的力量就有源头。
当你的手拉着我的手，团结的力量彼此感受，
有方向有决心有节奏，一起牵着手向前走！

活动天地

接受拒绝

1. 请甲、乙两位同学到前面，互相注视10秒（调整心态），甲在1分钟内用各种方法要求乙，比如请求乙一起做某事，向乙借什么东西等；乙要看着对方清楚地说出"不"，再说出拒绝的理由，但不要找借口。1分钟后，互换角色。

2. 如果你是刚才那两位同学，你会有怎样的感受？

3. 请两位同学谈谈被拒绝后的感受。

4. 现在闭上眼睛，从小声到大声反复背诵这句话："无论你怎样待我或说什么，我仍然是个有价值的人！"

挫折心理是一种较为普遍的社会心理现象。

（1）客观性：普遍存在、任何人都会遇到。

（2）两面性：指对人生的发展既有不利的一面，使人失望、痛苦；也有有利的一面，吸取教训，完善自我。

【拓展阅读】

找寻快乐钥匙

每个人心中都有一把"快乐的钥匙"，但我们却常常在不知不觉中把它交给了别人掌握。

男人说："领导不赏识我，所以没劲，情绪低落。"——钥匙交给了领导。

女人说："我的孩子太不听话了，整天叫我生气。"——钥匙交给了孩子。

老人说："儿女不孝顺，真命苦啊！"——钥匙交给了儿女。

年轻人从商场出来抱怨说："服务态度太差，真把我给气炸了！"——钥匙交给了服务员。

为什么我们要让别人来决定我们的心情和行为呢？为什么我们不能开心点呢？"开"就是开通、开明、开朗；"开心"就是打开自己的心门，如果不打开，心在门内，那就是"闷"。

人间有三苦：一苦是你得不到，所以你痛苦；二苦是你付出了，得到了，却不是你想要的，所以你痛苦；三苦是你轻易放弃了，后来却发现它原来很重要，所以痛苦。

人间有三乐：一乐是你得到了，所以你快乐；二乐是你付出了，得到了，它是值得的，所以你快乐；三乐是你很快放弃没有必要的负担，所以你快乐。

我们要掌握自己快乐的钥匙，学会宽容、友善和乐观，不期待别人使你快乐，而要将快乐和幸福带给别人。请想想我们应该怎样做才能把握快乐的钥匙。

专题十一

学会感恩

学习目标 XUEXI MUBIAO

1. 知识目标
- 认识到我们应该对父母、老师、朋友、社会等怀有一颗感激之心。
- 懂得对关怀和帮助自己的人抱有感激之心。
- 知道现在的快乐生活离不开别人的付出,培养对父母、他人、社会的感恩意识。

2. 能力目标
- 通过感恩意识和感恩行为,树立回报意识和奉献意识。
- 以实际的行动报答父母、老师,努力学习,回报社会。

3. 价值目标
- 感受父母之爱、教师之爱、朋友之爱以及博大的社会之爱,体验爱的圣洁、无私和伟大。

学习重点 XUEXI ZHONGDIAN

- 唤起对父母、对老师、对朋友、对社会的感恩情感。
- 以实际行动报答父母、老师、朋友以及社会的爱。

学习难点 XUEXI NANDIAN

- 回报意识和奉献意识的树立。
- 感恩行为的具体实施。

新课导入

没有阳光，就没有温暖；没有水源，就没有生命；没有父母，就没有我们自己；没有亲情、友情，世界就会是一片孤独和黑暗……这些都是浅显的道理，但当我们在生活中理所当然地享受着这一切的同时，却常常缺少一颗感恩的心。心存感恩，知足惜福。感谢天地，感谢命运，感谢一切一切的所有，只要心中有爱，心存感恩，就会努力做好自己，花开花落也一样会珍惜。人生路上永远需要一颗感恩的心，学会感恩，是人生的一堂必修课。

一、感恩的含义

中国的感恩教育源远流长，自古以来就有"滴水之恩当涌泉相报""谁言寸草心，报得三春晖"的古训。孔子言："父母之年，不可不知也。一则以喜，一则以惧。"感恩是每个人应有的基本道德准则，是做人的起码修养。鸦有反哺之义，羊有跪乳之恩，只有学会感恩，才有爱的感情基础。学会感恩，感谢父母的养育之恩，感谢老师的教诲之恩，感谢朋友的帮助之恩，感恩一切善待帮助自己的人。

"感恩"是个舶来词，牛津字典给的定义是："乐于把得到好处的感激呈现出来且回馈他人"。感恩是一种对恩惠心存感激的表示，是每一位不忘他人恩情的人萦绕在心间的情感，是一种生活态度。因为我们生活在这个世界上，一切的事物都对我们有恩情！

学会感恩，学会换一种角度去看待人生的失意与不幸，对生活时时怀有一份感恩的心情，则能使自己永远保持健康的心态、完美的人格和进取的信念。感恩不纯粹是一种心理安慰，也不是对现实的逃避，更不是阿Q的精神胜利法。感恩是一种歌唱生活的方式，它来自对生活的热爱与希望。

【名人、名言】

感谢是美德中最微小的，忘恩负义是恶习中最不好的。

——英国谚语

生命的意义在于付出，在于给予，而不是在于接受，也不是在于争取。

——巴金

二、我们应该如何感恩

（一）感恩父母

感恩父母！是他们给了我们这个世界上唯一的最尊贵最伟大的生命。在我们成长的过程中，无论生活多么艰难，无论遇到多少坎坷，每时每刻我们都能感受到父母的那份不求回报的爱。家是温暖的港湾，父母永远是我们可以依靠的臂膀。在家里，我们可以集无限宠爱于一身，因为父母爱得无私，爱得深沉，父爱如山，母爱似水，我们依着坚实的大山，在流水的滋润下茁壮成长。

【想一想】

1. 生病时最疼你的是：_____
2. 闯祸胡闹的时候，最为你愤怒的是：_____
3. 学业或其他方面有进步时，最为你高兴的是：_____
4. 最能容忍你的坏脾气的是：_____

 探究实践

你的爸爸妈妈是生活中的平常人。他们有自己的性格、优点和缺点，有和你一样的喜怒哀乐……你对他们的了解有多少，请填在表4-2中的相应位置。

表4-2 对爸爸妈妈的了解

项目	爸爸	妈妈
出生日期		
身高体重		
身体状况		
好友姓名		
最喜欢吃的水果		
最爱吃的菜		
最爱看的电视节目		
最喜欢的文体活动		
最高兴的事		
最烦恼的事		
对孩子的期望		

能够享受父母的爱的人，应该是世界上最幸福的人。父母对我们除了奉献别无所

求。其实，我们面对最敬爱的父母，完全可以从最细小的事情上做起，在力所能及的情况下，把自己的一份感恩、一份尊敬、一份关爱传递给他们。我们应该怎样向父母表达我们的爱呢？我们可以从下面几点去做：

❖ 要听从父母的话，不要让父母担心。
❖ 帮助父母做家务，学会照顾自己，减轻父母的负担。
❖ 关心父母的健康，注意自己的身体。
❖ 努力用功读书，认真求学，不让父母为我们的学业感到烦恼。
❖ 对父母要有礼貌。
❖ 做人处事要讲信用，做个诚实的孩子。
❖ 与父母分享好吃的东西。
❖ 我们要诚心接受父母的照顾、帮助，而且要对他们说"谢谢"。
❖ 在父母生日时，用自己的方式，向父母表达祝福。
❖ 父母教导我们的话，我们要牢牢记住。

父母的关心和爱护是最博大最无私的，父母的养育之恩是永远也诉说不完的：吮着母亲的乳汁离开襁褓；揪着父母的心迈出了人生的第一步；在甜甜的儿歌声中酣然入睡，在无微不至的关怀中茁壮成长。父母为我们的生病熬过多少个不眠之夜？父母为我们的读书升学付出多少心血？对这种比天高、比地厚的恩情，我们又能体会到多少呢？我们又报答了多少呢？

案例分析

小强的父亲是某商店的经理。小强常去父亲商店里，父亲也经常让他把一些收款单送到邮局去。一天，小强写了一张纸条，放在妈妈的床头。晚上，妈妈看到这张纸条上写着：妈妈欠小强如下款项：

❖ 送信件到邮局：5元
❖ 在家里浇花：5元
❖ 有个听话的孩子：10元

共计：20元

小强的妈妈把账单仔细地看了一遍，什么也没说。晚上，小强在自己的床头看到有20元，同时还发现了一个账单：

小强欠妈妈如下款项：

❖ 14年来的吃喝：0元
❖ 生病时得到护理：0元
❖ 有个非常慈爱的妈妈：0元

共计：0元

请同学们猜一猜，小强看到这一账单时的感受。

父母无微不至地照顾我们，使我们感到自己是世界上最幸福的人，所以我们更应该努力、用功读书，认真求学，做一个孝顺的好孩子。将来在社会上做一个有用的人，以求报答父母辛苦的养育之恩，才不会辜负父母的一番苦心。

（二）感恩老师

有一种爱，同亲人的爱一样，付出不期待回报，那就是老师的爱。他们像蜡烛，燃烧自己，照亮别人。他们在我们奋进的过程中，扮演着各种各样的角色：一会是严格管教我们的老师；一会是关心我们成长的家长；一会是与我们无话不说、心灵相通的朋友；一会又成为我们朝夕相处、相互嬉戏的哥哥姐姐……

【资料卡片】

新中国成立以后，为确立人民教师的政治地位，国家决定从1985年起每年9月10日定为教师节。经全国人大常委会通过的《中华人民共和国教师法》从1994年1月1日起正式实施。以法律手段保障教师的合法权利，提高教师的待遇和社会地位，这是中国教育史上第一次，对在中国牢固树立尊师重教、尊师敬长的良好社会风尚起到了重要的稳定的保障作用。

感谢老师，将我们引入知识的殿堂，像一支无声的拐杖，支撑蹒跚学步的我们去攀登书山，在知识的土壤里茁壮成长，让我们从无知走向文明、从幼稚走向成熟。我们的成长离不开老师的教诲，他们辛勤的劳动，让我们渐明事理，增长学识，我们成长点点滴滴都浸润着他们的心血。

【资料卡片】

据联合国统计，中国政府用占世界0.78%的基础教育经费，完成了占世界9.81%的适龄儿童的九年义务教育。而目前，我国仅西部12个省、市、自治区的代课老师就达到50.6万人，约占西部农村教师总数的20%。虽生活在贫困线之下，但他们却承担了近千万西部农村学生的教学任务。

【想一想】

☆ 为什么要感谢老师？

☆ 可以在什么时候、用什么方式去感恩？

☆ 面对老师的辛勤教导，你会如何感恩？

从古到今，名人志士用不同的方式表达着对恩师的尊重：子贡在孔子死后，悲痛万分，在墓旁结庐而居，一直守墓6年；居里夫人在诺贝尔颁奖会上，将鲜花送给她的恩师，表达她的感激之情；毛泽东在当了中国共产党的领袖之后，依然对自己的老师徐特立尊敬有加。

对于我们的成长而言，老师是文化知识的传播者，带领我们在知识的海洋中遨游；对于我们的成功而言，老师是我们成长的领路人，他教导我们如何做人、如何做事、如何选择，帮我们把握正确的人生航向，让我们最终走向成功。

活动天地

我为老师做一件事

发挥自己的想象和自己的特长为老师做一件事，来表达对老师的感激和敬佩之情。

（三）感恩朋友

朋友，对每个人来说都是不可抗拒的一个词，并不是每个人都希望功成名就，但是每个人都希望能有朋友。朋友有很多种，有点头之交的朋友，有吃喝玩乐的酒肉朋友，有因共同利益捆绑而成的利益朋友……但我们真正需要的是可以填补精神上的空虚、驱赶精神上的孤独的朋友。

1. 感恩朋友的信任

信任是做朋友的基础，没有彼此的信任，就失去了做朋友的前提。在日常生活中，一个人能被别人信任，那份心情的确会跟平时不一样。当对方真诚地说出"我信任你"时，被信任者会有一种崇高的感觉在心中升腾，觉得自己受到他人的信任很光荣，内心很欣慰、很自豪，是一种对自己人格的慰藉。于是，被信任者会像珍惜一份至高无上的荣誉一样珍惜他人对自己的信任。

2. 感恩朋友的帮助

友谊最可贵之处不在锦上添花，而在雪中送炭。我们的生活中有很多这样的朋友。他们像一把拐杖，总是在我们走入泥泞道路的时候第一时间出现在我们手里，当我们失意时、痛苦时、受挫时、无助时，他们总是坚定地站在我们的身后，用同样柔弱的肩膀与我们一起承担，哪怕我们已经是穷困潦倒，依然能安慰、体贴、关怀、抚慰我

们，让我们心生感动，让我们倍感温暖。

要想让友谊保持良好的状态，必须合理地处理双方的付出与回报。从某种意义上来说，重与轻都是心理的一种感觉。不去想付出与回报，不要想天平的重与轻才是进入了友谊的最高境界。

所以，我们应该保持一颗平常心，学会感恩。感恩朋友像阳光一样给予我们灿烂的光辉，感恩朋友像大地一样赋予我们博大的胸怀，感恩朋友像鲜花一样带给我们芬芳，感恩朋友像雨露一样滋润着我们的心田，感恩朋友像清风一样带给我们凉爽。

【想一想】

☆ 朋友让你感动的回忆？

☆ 我该为朋友做些什么？

（四）感恩社会

案例分析

重庆市南岸区19岁的蒋永玖去年上大学后，在父母都是下岗职工、家境贫寒的情况下，他却婉言谢绝了一家企业4 000元的资助金并且顺利完成学业。他说："我高中三年，靠的是学校和社会才顺利完成学业。进入大学以后，我可以通过努力争取奖学金，还可以申请勤工俭学，请捐助比我更困难的学生。"蒋永玖将社会对自己的关爱铭记在心，他懂得这种帮助对自己人生的意义与价值。他更懂得对社会感恩，并将这种真诚的感恩融入思想、融入灵魂，将来回馈社会。

感恩社会，孕育爱心。社会是个大家庭，兄弟姐妹聚集在这里，互相传递着一颗善良的心。公交车上，一位青年让位给了一位白发苍苍的老人，老人欣慰地坐下了，那位青年教会了我们尊老。献爱心时刻，人们纷纷拿出了自己节省下的钱与礼物，毫不吝啬地献给了那些需要帮助的穷苦群众，是那些满怀爱心的人教会了我们帮助他人。上述类似的例子数不胜数。

媒体聚焦

2010年6月5日，湖南省湘西泸溪县城出租车司机在车身的显眼位置已统一贴上了"爱心送考、感恩社会"的标志，正整装待发，为今年的高考学生提供免费送考服务。

为方便高考学生，确保爱心送考服务质量，该县出租车公司在车身张贴明显标志并公布了公司服务电话，随时随地接受请求并及时调剂车辆给予援助。6月7日和8日，高考学生可凭高考准考证在城区内免费乘出租车往返考场。据悉，

这次出租车免费接送高考学生活动，是由城市公共客运主管部门倡导，经营企业组织，广大从业人员自愿参加的爱心行动。该县自愿参加这次"爱心送考、感恩社会"免费服务活动的车辆达70辆，参与率达100%。

这个满怀爱心的社会教会了我们怎样做人，我们应该去感恩这个社会。严格地说，应该感恩那些乐于奉献充满爱心的人士。雷锋曾说过："一滴水只有融入了大海，才永远不干涸"。我们只有把自身融入集体，融入社会，对困境中的人给予帮助，真诚地为人民服务，才能实现人生真正的价值。之所以要去感恩社会，是因为正是有了许多善良无私的人，才会组织成这个完整的社会。创建和谐社会应该从人民群众做起，从小事做起，去帮助身边一些需要帮助的人。我们要感恩社会，感恩它所包含的所有善良无私的心。

活动天地

组织班级学生完成一系列感恩社会的活动：

1. 走读生开展"走进社会"活动，如：打扫卫生、走上街头、宣传社会等。
2. 住校生开展"感恩社会习作展"活动，汇报成长情况，感谢社会之恩。
3. 组织一次"我为社会歌唱"诗文朗诵会。

小 结 XIAOJIE

对亲人、对他人、对社会、对祖国，我们都应该心存感激的意识和知恩必报的良知。忘恩负义，不论在过去、现在和将来，都是行不通的，是会遭人唾弃的。感恩造就卓越。凡心存感激的人，其人生态度是积极的，这种积极的人生态度让我们热爱生活、敢于拼搏、乐于进取，在任何困难面前都从容不迫，并最终造就卓越，拥有不凡的人生。

探究实践

1. 分小组讨论下面诗歌的内涵，写出讨论纪要，派代表上讲台发言。

感谢伤害我的人，因为他磨炼了我的心志；

感谢欺骗我的人，因为他增进了我的见识；

感谢遗弃我的人，因为他教导了我应自立；

感谢绊倒我的人，因为他强化了我的能力；

感谢斥责我的人，因为他助长了我的智慧；

感谢蔑视我的人，因为他觉醒了我的自尊；

感谢父母给了我生命和无私的爱；

感谢老师给了我知识和看世界的眼睛；

感谢朋友给了我友谊和支持；

感谢社会给了我信任和展示自己能力的机会；

感谢邻家的小女孩给我以纯真无邪的笑脸；

感谢周围所有的人给了我与他人交流沟通时的快乐；

感谢生活所给予我的一切，虽然并不全都是美满和幸福；

感谢天空，给我提供了一个施展的舞台；

感谢大地，给我无穷的支持与力量；

感谢太阳，给我提供光和热；

感谢天上所有的星，与我一起迎接每一个黎明和黄昏；

感谢我爱的人和爱我的人，使我的生命不再孤单；

感谢我的敌人，让我认识自己和看清别人；

感谢鲜花的绽放、绿草的如茵、鸟儿的歌唱，让我拥有了美丽、充满生机的世界；

感谢日升，让我在白日的光辉中有明亮的心情；

感谢日落，让我在喧嚣疲惫过后有静夜可依。

感谢快乐，让我幸福地绽开笑容，美好地生活着；

感谢伤痛，让我学会了坚忍，也练就了我释怀生命之起落的本能；

感谢生活，让我在漫长岁月的季节里拈起生命的美丽；

感谢有你，尽管远隔千里，可你在寒冬里也给我温暖的心怀；

感谢关怀，生命因你而多了充实与清新；

感谢所有的一切……

2. 在班主任或学校团委的协助下，组织一次"学会感恩"实践活动，建议如下：

（1）以"爸爸、妈妈，你们辛苦了"为主题给爸爸妈妈写一封家信，各班以这封书信的内容为材料在班里组织交流。

（2）各班组织学生利用早读课诵读感恩诗文。

（3）各班出一期以"感恩社会见行动"为主题的黑板报，每个学生做一件力所能及的事来表达自己的爱（如为妈妈梳一次头、洗一次脚或给妈妈烧一顿可口的饭菜等）。

（4）布置爱心家庭作业。利用课余时间经常为家里做四件家务：打扫卫生、叠被、洗碗、洗衣物。学校下发家长会信息反馈表，检查完成情况。

（5）讲一个感恩故事，看一部感恩影视作品。

模块五 经济政治篇

经济与政治基础知识是中等职业学校学生必须了解的内容，其任务是根据马克思主义经济和政治学说的基本观点，以邓小平理论为指导，对学生进行经济和政治基础知识的教育。本模块包括经济基础知识和政治基础知识两个内容。通过经济基础知识的教育，使学生能够初步分析和说明常见的社会经济现象，提高学生参与社会经济活动的能力；在今后的职业活动中，能够自觉规范自己的经济行为，积极投身到社会主义经济建设中去。通过政治基础知识的教育，使学生能够正确分析常见的社会政治现象，提高参与社会政治活动的能力；在今后的职业活动中，能坚持正确的政治方向，增强民主意识，积极参与社会主义民主政治的建设。

专题十二

商品的交换和消费

学习目标 XUEXI MUBIAO

1. **知识目标**
   - 初步理解掌握社会经济生活中的一些基本常识,包括商品、货币、市场等。
2. **能力目标**
   - 培养认识和分析经济现象和问题的能力,提高阅读能力和理论联系实际的能力。
   - 培养和提高参与经济活动的能力,做有经济头脑的人。
3. **价值目标**
   - 了解我国社会主义经济的概况,认识到作为青年学生,将面临更加发达的社会主义市场经济。
   - 要适应社会发展的要求,努力提高自己参与经济活动的能力,增强法制和道德观念,自觉规范自己在经济生活中的行为。

学习重点 XUEXI ZHONGDIAN

- 商品的含义及属性、货币的含义及职能、市场的含义及作用。

学习难点 XUEXI NANDIAN

- 商品的属性、货币的职能

新课导入 ◇◇◇

消费是指对物质资料进行使用和消耗。

社会生活中的消费现象随处可见,五彩缤纷的消费市场上活跃着数不清的消费

者的身影。任何单位及个人都离不开消费行为。吃、穿、住、用、行，都离不开消费。可以说，消费无处不在，无时不有，消费伴随着你、我、他。

一、商品

（一）商品的含义
商品：用于交换的劳动产品就是商品。
物品要成为商品必须具备两个条件：一是劳动产品，二是必须用于交换。

（二）商品与物品、劳动产品的区别与联系
1. 区别

商品一定有使用价值和价值。劳动产品和物品不一定都有使用价值，也不一定有价值。

2. 联系

商品必须是劳动产品，商品是劳动产品的一部分；劳动产品包括商品，劳动产品是物品的一部分；物品包括劳动产品。

（三）商品的基本属性
价值和使用价值是商品的两个基本属性。

1. 价值

价值是凝结在商品中的无差别人类劳动。

（1）价值是商品的共有属性，是商品交换的基础。

（2）价值是商品的特有属性，只有商品才有价值。

（3）价值是商品的社会属性，体现着商品生产者之间互相交换劳动的社会关系。

（4）商品的价值不是自我表现的，是通过交换价值表现出来的。价值是交换价值的基础，交换价值是价值的表现形式。

（5）价值是商品的本质属性，只有商品才有价值。

2. 使用价值

使用价值是商品能够满足人们某种需要的属性。是商品的自然属性，不同商品的使用价值在质上是不同的，在量上不能比较。

3. 价值与使用价值的关系是对立统一的关系

（1）商品是使用价值和价值的统一体，商品的使用价值离不开价值，否则就不是商品，价值是使用价值交换的基础；价值也离不开使用价值，使用价值是价值的物质承担者，是价值赖以存在的基础。

（2）作为商品的生产者和消费者，谁都不可能同时占有使用价值和价值，生产者生产商品的目的是实现商品的价值，因此必须让渡商品的使用价值，而消费者购买商品是为了获得商品的使用价值，因此必须让渡价值。

（四）个别劳动时间与社会必要劳动时间

个别劳动时间与社会必要劳动时间的区别：商品的价值量是由社会必要劳动时间决定的。

（1）社会必要劳动时间是在现有的社会正常的生产条件下，在社会平均的劳动熟练程度和劳动强度下制造某种使用价值所需要的劳动时间。

（2）个别劳动时间是指个别生产者生产某种商品所耗费的劳动时间。

（3）商品的价值量是由生产某种商品的社会必要劳动时间决定的，而社会必要劳动时间是在商品交换过程中自发形成的，并不是由某个计算中心计算出来的。

二、货币

（一）货币的含义

货币是指任何一种可以执行交换媒介、价值尺度、延期支付标准和完全流动的财富储藏手段等功能的商品，是充当一般等价物的特殊商品。

（1）货币与一般等价物的关系。

（2）货币与商品的关系。

（3）货币与金银的关系。

货币和其他一般等价物又有着不同。能够充当一般等价物的有很多商品，但这些都不能固定充当一般等价物。只有当金银固定充当一般等价物的时候才产生了货币。从货币的作用来看，货币可以和其他商品相交换，起到一般等价物的作用。综合以上几点可以看出，货币的本质是一般等价物。

（二）货币的职能

1. 价值尺度

不需要现实的货币，只需要想象中的或观念上的货币，原因在于货币也是商品，也具有价值。

2. 流通手段

必须是实实在在的货币，不能是观念上的货币。

3. 贮藏手段

必须是实实在在的足值的货币，即必须是金银铸币或金银条、块，金银首饰不能充当。

4. 支付手段

用于清偿债务、支付赋税、租金、工资等。

5. 世界货币

必须是黄金或白银，铸币和纸币都不行。但现在，美元或欧元也具备世界货币的某些职能。

对于流通手段，货币的让渡与商品的让渡是同时进行的，即一手交钱，一手交货。

对于支付手段，商品的让渡和货币的让渡不是同时的，可先支付货币或后支付货币。价值尺度和流通手段是货币的基本职能。

（三）纸币

1. 纸币的含义

由国家发行的强制使用的货币符号。

2. 纸币本身不具有价值，只是代替货币执行流通手段和支付手段的职能

虽然作为货币的一种，但其不能直接行使价值尺度职能。纸币是当今世界各国普遍使用的货币形式，而世界上最早出现的纸币，是中国北宋时期四川成都的"交子"。

> **知识链接**
>
> 目前世界上共有200多种纸币，流通于世界193个国家和地区。作为各国货币主币的纸币，精美、多侧面地反映了该国历史文化的横断面，促进了世界各国人民的经济交往。目前世界上比较重要的纸币包括美元、欧元、人民币、日元和英镑等。
>
> 结合现实生活中人们对货币的不同看法，从货币的起源和本质说明，货币在很大程度上仍然是财富的象征，经济活动需要货币，因此不能认为"金钱是万恶之源"。但是我们不能把获得金钱作为人生的最高目标，"金钱万能"的观点是错误的。对待货币正确的态度应该是"取之有道，用之有道"，要自觉地抵制资本主义的拜金主义思想。

（四）价格、商品流通、通货膨胀的含义

1. 价格

商品价值的货币表现就叫价格。

价格以价值为基础，是价值的货币表现形式，由价值决定，同时价格又受供求关系的影响。

2. 商品流通

以货币为媒介的商品交换，叫作商品流通，公式：商品——货币——商品。

3. 通货膨胀

（1）货币（纸币）流通规律：流通中所需要的货币（纸币）量，同商品的价格总额成正比，同货币流通速度成反比。公式：流通中所需要的货币量＝商品价格总额/货

币流通次数＝待销售的商品量×价格水平/货币流通次数

（2）通货膨胀：纸币的发行量超过流通中所需要的数量，从而引起纸币贬值，物价上涨，叫作通货膨胀。

（3）通货膨胀必然引起物价上涨，但物价上涨不一定是由通货膨胀引起的。

三、市场与市场经济

（一）市场

市场分为广义的市场和狭义的市场，狭义的市场是指商品交换的场所，又叫有形的市场；广义的市场是商品交换关系的总和，包括有形市场和无形市场。

几种主要的市场：

（1）从交换的范围而言，有国内市场和国外市场。

（2）从交换的内容而言，有消费品市场、生产资料市场、金融市场、劳动力市场、技术市场、信息市场、房地产市场等。

（二）市场经济

1. 市场经济的含义

市场经济指市场在资源配置中起基础性作用的经济形态，是实现资源优化配置的一种有效形式。

2. 社会主义市场经济理论的内涵

（1）社会主义市场经济是同社会主义基本制度结合在一起的，市场在国家宏观调控下对资源配置起基础性作用。

（2）社会主义市场经济是商品化的商品经济，是市场在资源配置中起基础性作用的经济。

（3）社会主义市场经济具有平等性、法制性、竞争性和开放性等一般特征。

（4）社会主义市场经济是实现优化配置的一种有效形式。

（5）社会主义市场经济可以发挥社会主义制度的优越性。

计划经济和市场经济不是区分社会主义和资本主义的标志，它们不属于社会基本制度的范畴，而是资源配置的不同方式。社会主义也可以搞市场经济。

现代市场经济的五大特征：独立的企业制度、有效的市场竞争、规范的政府职能、良好的社会信用、健全的法制基础。

通过本专题的学习，我们理解和掌握了日常经济生活中的一些常识，包括商品、

货币、市场及市场经济等，加深了我们对日常消费现象和行为的了解。由于时间的限制，这些知识的讲授是很有限的，同学们在以后的生活中要多观察，学习更多的经济知识，培养和提高自己利用经济知识参与经济活动的能力。

探究实践

1. 请同学们列举一些自己所了解的当今世界各国常用的纸币及名称，以及该纸币对我国人民币的汇率。

2. 谈谈你如何理解"货币天然是金银，金银天然不是货币"（马克思语）这句话？

知识链接

经济学知识拓展

1. GDP

GDP，即英文（gross domestic product）的缩写，也就是国内生产总值。它是对一国（地区）经济在核算期内所有常住单位生产的最终产品总量的度量，常常被看成显示一个国家（地区）经济状况的一个重要指标。生产过程中的新增加值，包括劳动者新创造的价值和固定资产的磨损价值，但不包含生产过程中作为中间投入的价值；在实物构成上，是当期生产的最终产品，包含用于消费、积累及净出口的产品，但不包含各种被其他部门消耗的中间产品。GDP 的测算有三种方法：

生产法：GDP = ∑各产业部门的总产出 − ∑各产业部门的中间消耗；

收入法：GDP = ∑各产业部门劳动者报酬 + ∑各产业部门固定资产折旧 + ∑各产业部门生产税净额 + ∑各产业部门营业利润；

支出法：GDP = 总消费 + 总投资 + 净出口。

2. 基尼系数

基尼系数，或译坚尼系数，是 20 世纪初意大利经济学家基尼根据劳伦茨曲线（如图 5−1）所定义的判断收入分配公平程度的指标。基尼系数是比例数值，在 0~1，是国际上用来综合考察居民内部收入分配差异状况的一个重要分析指标。

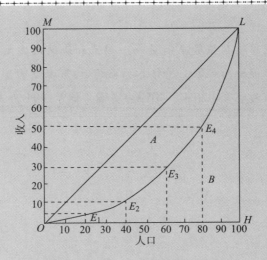

图 5-1 劳伦茨曲线

其经济含义是：在全部居民收入中，用于进行不平均分配的那部分收入占总收入的百分比。基尼系数最大为"1"，最小等于"0"。前者表示居民之间的收入分配绝对不平均，即100%的收入被一个单位的人全部占有了；而后者则表示居民之间的收入分配绝对平均，即人与人之间收入完全平等，没有任何差异。但这两种情况只是在理论上的绝对化形式，在实际生活中一般不会出现。因此，基尼系数的实际数值只能介于 0~1。

目前，国际上用来分析和反映居民收入分配差距的方法和指标很多。基尼系数由于给出了反映居民之间贫富差异程度的数量界线，可以较客观、直观地反映和监测居民之间的贫富差距，预报、预警和防止居民之间出现贫富两极分化，因此得到世界各国的广泛认同和普遍采用。

国际上通常认为，基尼系数超过0.4，表明财富已过度集中于少数人。目前中国基尼系数超过0.5，已超过警戒线。

3. 恩格尔系数

恩格尔系数是德国统计学家恩恩特·恩格尔阐明的一个定律：就是随着家庭和个人收入增加，收入中用于食品方面的支出比例将逐渐减小，这一定律被称为恩格尔定律，反映这一定律的系数被称为恩格尔系数。即食品支出总额占消费支出总额比率。

恩格尔定律主要表述的是食品支出占总消费支出的比例随收入变化而变化的一定趋势。揭示了居民收入和食品支出之间的相关关系，用食品支出占消费总支出的比例来说明经济发展、收入增加对生活消费的影响程度。一个国家、地区或家庭生活越贫困，恩格尔系数就越大；反之，生活越富裕，恩格尔系数

就越小。

国际上常常用恩格尔系数来衡量一个国家和地区人民生活水平的状况。根据联合国粮农组织提出的标准,恩格尔系数在59%以上为贫困,50%~59%为温饱,40%~50%为小康,30%~40%为富裕,低于30%为最富裕。

专题十三

改革开放是强国之路

学习目标 XUEXI MUBIAO

1. 知识目标

❖ 了解改革是一场新的伟大革命，当今的世界是开放的世界，对外开放是我们必须长期坚持的一项基本国策。

2. 能力目标

❖ 认识改革开放的必要性和重要性。

❖ 辩证地看待改革开放过程中出现的一些问题。

3. 价值目标

❖ 感受改革开放带来的好处，理解并坚持改革开放的基本国策等。

❖ 积极投身于改革开放、建设社会主义的实践中。

学习重点 XUEXI ZHONGDIAN

❖ 改革是一场新的伟大革命，当今的世界是开放的世界，中国的发展离不开世界。

学习重点 XUEXI ZHONGDIAN

❖ 正确处理改革、发展、稳定的关系。

新课导入 ◇◇◇◇

改革开放之初的1980年，当时中国确定的目标是用20年时间实现国内生产总值（GDP）翻两番，人民生活达到小康。要实现这个目标，意味着经济的年均增长率要达到7%甚至8%以上。当时全世界没有几个国家相信，像中国这样一个人口众多的

· 147 ·

> 农业大国，经济如此落后，能够实现经济长达20年时间的高速增长。
>
> 然而我们实现了持续30年以上的高速增长，中国的面貌发生了翻天覆地的变化，被世界上许多学者称为"人类历史上的一个奇迹"。
>
> 这就是改革开放，是邓小平创造性地发展马克思列宁主义、毛泽东思想关于建设社会主义理论的最突出贡献，也是社会主义发展史上从未有过的崭新创造。改革开放是社会主义本质的要求，是社会主义社会发展的动力。改革开放既是邓小平理论的重要组成部分，也是我国进入社会主义现代化建设新时期最鲜明的特征。

一、中国的改革

（一）改革是一场新的伟大革命

改革是党在新的时代条件下带领人民进行的新的伟大革命，它不是对原有的经济体制进行细枝末节的修补，而是对原有经济体制的根本性变革。

1. 改革的目的是扫除生产力发展的障碍，解放和发展生产力

革命的目的和本质是解放生产力，这是马克思主义的一个基本观点。邓小平同志指出："革命是解放生产力，改革也是解放生产力。推翻帝国主义、封建主义、官僚资本主义的反动统治，使中国人民的生产力获得解放，这是革命，所以革命是解放生产力。社会主义基本制度确立以后，还要从根本上改变束缚生产力发展的经济体制，建立起充满生机和活力的社会主义经济体制，促进生产力发展，这是改革。所以，改革也是解放生产力。"改革同第一次革命的作用一样，也具有解放生产力的同等意义。从这个意义上说，改革是中国的"第二次革命"。

2. 改革是政策的重新选择和体制的重新构建，是对旧体制全面的深刻变革

从改革引起的社会变革的深刻性这个意义上讲，改革也是一场革命。江泽民同志在党的十四大报告中指出："十四年来，我们从事的事业，就是坚持党的基本路线，通过改革开放，解放和发展生产力，建设有中国特色的社会主义。就其引起社会变革的广度和深度来说，是开始了一场新的革命。它的实质和目标，是要从根本上改变束缚我国生产力发展的经济体制，建立充满生机和活力的社会主义新经济体制，同时相应地改革政治体制和其他方面的体制，以实现中国的社会主义现代化。"

3. 改革这样一场深刻的社会变革，必然引起社会生活和人们思想观念、精神状态等方面深刻而广泛的变化

这种变化，无疑具有革命性质。正如邓小平所指出的："改革促进了生产力的发展，引起了经济生活、社会生活、工作方式和精神状态的一系列深刻变化。改革是社会主义制度的自我完善，也使社会主义制度在一定的范围内发生了某种程度的革命性

变革。"

4. 就改革的复杂性和艰巨性而言，改革是一场革命

改革是一个庞大的系统工程，涉及方方面面的改革，牵一发而动全身，任何一个方面的改革出现问题，都会影响到整个改革的成效。同时，改革实际上是对利益关系的调整，虽然改革从根本上说符合最广大人民群众的利益，但是在改革的进程中，人们获益的程度和时间总是有所不同，因此，一定会出现各种各样的复杂情况和问题，一定会遇到重重障碍。改革的复杂性使得改革极具艰巨性。从这个意义上说，改革犹如一场革命。

5. 就改革决定中国命运的意义而言，改革是一场革命

改革是决定中国命运的重大决策，它是理论上的创新，也是实践上的创举，它关系着中国社会主义的前途和命运，不改革只有死路一条。改革的成功势必会促进生产力的巨大发展，从根本上改变中国经济和技术的落后面貌，加速中国实现社会主义现代化，这具有极其深远的历史意义。

改革开放是一场革命，但它不是一个阶级推翻另一个阶级的革命，不是也不允许否定和抛弃我们已经建立起来的社会主义制度。恰恰相反，改革是对社会主义制度的自我完善和发展。

（二）改革是全面的改革

1. 从改革的历程来看，改革包括经济、政治、科技、教育等多方面的改革

改革的历程：农村改革→城市改革→1992年党的十四大确立经济体制改革的目标是建立社会主义市场经济体制→20世纪末社会主义市场经济体制的初步确立。与此同时，政治、科技、教育等领域改革也全面展开。

2. 从改革的广度来看，改革触及了社会生活的各个方面和各个层面

尽管经济体制改革是重点，但它需要政治体制及科技、教育、文化、卫生体制改革的配合。

3. 从改革的效果来看，改革使中国发生了巨大的历史性变化

它深刻改变了中国的面貌，极大改善了中国人民的生活水平和生活质量，显著提升了中国社会的文明程度，大大提高了中国的国际地位。

【想一想】

改革是一项崭新的事业，如何评价和判断它的成败与是非得失？

邓小平提出了"三个有利于"的标准，"三个有利于"标准的科学内涵。

"三个有利于"的标准是指，"是否有利于发展社会主义社会的生产力，是否有利于增强社会主义国家的综合国力，是否有利于提高人民的生活水平"，这是判断我们改革和各项工作得失成败的标准。

（1）"三个有利于"标准是客观标准而不是主观标准，它是在改革开放和现代化建

设的进程中，在总结正反两方面的经验教训，反对左和右的错误倾向中产生和发展起来的，是解放思想，实事求是的产物。

（2）"三个有利于"标准与社会主义有着内在的不可分割的联系，是由社会主义本质所规定的衡量一切工作是非得失的标准。如果离开了社会主义，"三个有利于"标准就失去了它本来的价值和意义。

（3）在"三个有利于"标准中，是否有利于发展社会主义社会的生产力是根本标准。如果没有生产力的发展，也就不可能有综合国力的增强，更不可能有人民生活水平的提高。任何时候都不能离开发展生产力这一根本标准来谈论其他标准。

（4）在"三个有利于"标准中，是否有利于提高人民生活水平是目的。共产党的宗旨就是为人民谋利益，社会主义和共产主义的目的就是要使无产阶级和全人类获得解放，实现共同富裕和人的自由全面的发展。因此，在发展生产力和增强综合国力的过程中，任何时候都不能忘记，我们的最终目的是要提高人民生活水平，实现共同富裕。

"三个有利于"标准要求我们从抽象的姓"社"姓"资"的争论中跳出来，以一种新的观念、新的标准来衡量我们的工作，在改革开放中放开手脚，大胆地试验。一切工作，都要以"三个有利于"为最根本的判断标准。

（三）正确处理改革、发展、稳定的关系

改革是动力，发展是目的，稳定是前提。改革和发展必须有稳定的政治和社会环境。改革是经济和社会发展的强大动力，是社会主义制度的自我完善和发展。发展是硬道理，中国解决所有问题的关键在于靠自己的发展。三者密切相关，缺一不可。

中国正处于从低水平的、不全面的、不平衡的小康，向全面小康过渡的阶段，这是发展的关键时期，也是改革的攻坚阶段。这一时期正确处理改革、发展、稳定关系的任务艰巨。因此要以科学发展观为指导，遵循改革开放以来党在处理改革、发展、稳定关系方面积累起来的经验和主要原则：

（1）保持改革、发展、稳定在动态中的相互协调和相互促进。稳定是前提，但稳定是相对的，需要统观全局，精心谋划，从整体上把握改革、发展、稳定之间的关系。

（2）把改革的力度、发展的速度和社会可以承受的程度统一起来。改革和发展要始终注意适应国情和社会的承受能力，要统筹安排改革和发展的举措，精心处理稳定同改革、发展的关系。

（3）把不断改善人民生活作为处理改革、发展、稳定关系的重要结合点。

二、中国的对外开放

（一）经济全球化与中国对外开放政策

经济全球化是指世界经济活动超越国界，通过对外贸易、资本流动、技术转移、

提供服务、相互依存、相互联系而形成的全球范围的有机经济整体。经济全球化是当代世界经济的重要特征之一，也是世界经济发展的重要趋势。

放眼世界，无论是发达的美国和日本，还是战后新兴的发展中国家或地区，其经济的快速发展和进步，都无一例外地是在自主发展本国经济的同时，通过对外开放，积极利用其他国家的资金、技术和管理经验来实现的。

1. 现在的世界是开放的世界

当今的世界是开放的世界，这是对世界经济发展历史的深刻总结，是生产社会化和商品经济、市场经济发展的必然结果。早在18世纪中叶，第一次产业革命就开启了世界市场。到了20世纪中后期，在以信息化为基础的新技术革命推动下，世界经济的联系更加紧密，经济全球化趋势更为明显，表现为生产领域的国际分工和协作不断深化和加强，国际贸易规模不断扩大，资本在国际的流动速度不断加快，跨国公司迅速发展。为应对新技术革命和经济全球化的趋势，各国政府为在国际分工和国际竞争中获取最大利益，纷纷实行对外开放的政策，广泛地进行经济交流和合作，积极利用国外市场、资源、信息、技术和资金。在开放的世界中不实行开放政策，只能限制自己的发展，甚至会给国家和民族带来灾难。

2. 中国的发展离不开世界

中国的发展离不开世界，这是对中国发展历史的深刻总结。中国在西方国家产业革命以后变得落后了，一个重要的原因就是闭关自守。历史的经验教训一再告诉我们，关起门来搞建设、把自己孤立于世界之外是不行的，要发达起来，必须对外开放。中国作为一个发展中的大国，在实现现代化的进程中存在着许多困难和问题，如资金不足、科学技术落后、劳动者科学文化素质不高、缺乏组织现代化大生产的经营管理知识和经验，等等。要解决这些问题，就必须实行对外开放，利用国内和国际的两种资源、两个市场。对外开放不仅是为了解决当前经济建设中的矛盾和困难，而且也是我国经济长期发展的客观要求。

知识链接

世界银行的相关报告认为，1870年以来出现了三次全球化浪潮，并将迎来新一轮的全球化浪潮。中国错失了全球化第一次浪潮和第二次浪潮，在西方世界轰轰烈烈地进行产业革命和技术革命时中国开始落后了。邓小平指出，总结历史经验，中国长期处于停滞和落后状态的一个重要原因是闭关自守。经验证明，关起门来搞建设是不能成功的，中国的发展离不开世界。在第三次全球化浪潮兴起的时候，中国牢牢把握住了这一历史机遇，实现了历史性的变革与发展，并正成为新一波浪潮的重要推动力。

> 从1978年开始，在独立自主、自力更生的前提下，中国开始实施对外开放战略，执行一系列对外开放政策。从发展进程来看，中国的对外开放主要经历了早期的试点探索阶段、20世纪90年代的扩大深化阶段和加入世界贸易组织后的体制性开放阶段。在短短的30多年时间里，中国已经从一个封闭、半封闭的经济体，变成了开放程度最高的发展中经济体之一。

（二）对外开放的格局

1. 我国的对外开放是全方位的开放

从对外开放的范围来讲，我国的对外开放是对全世界开放。不论对资本主义国家还是社会主义国家，不论对发达国家还是发展中国家，我们都实行开放政策。但是，在全方位的开放中，重点是西方发达国家。因为西方发达国家经济实力雄厚，技术先进，在世界经济活动中处于优势甚至支配地位，我们吸收的外资、引进的先进技术和管理经验等主要来自这些国家。

2. 我国的对外开放是多层次的

所谓多层次，就是根据各地区的实际和特点，由点到线，由线到面，通过试点逐步扩大，开放的层次不断增多，开放的方式日益多样化。所谓"点"，就是建立经济特区。1980年在深圳、珠海、汕头、厦门设置经济特区。所谓"线"，即开放沿海港口城市。1984年开放了沿海14个港口城市，实现了对外开放由点到线的扩展。从1985年开始，对沿海经济开放区的开辟，是我们对外开放由线到面的扩展。1985年海南岛及长江三角洲、珠江三角洲和闽南三角区进一步开放。

3. 我国的对外开放是宽领域的

我们的对外开放从经济领域开始，而且始终以经济领域的开放为重点，但并不局限于经济领域，还包括文化、科技、教育、体育、卫生、艺术等许多领域的开放。在经济领域，也是根据我国经济的发展，从对外贸易、国际投资、技术转让等领域的开放拓宽到金融、保险、房地产等领域。

> **知识链接**
>
> 1978年4月，一位有远见的港商在虎门投资兴办了一家工厂。这家编号为"粤字001号"的太平手袋厂成为中国第一家"三来一补"企业，揭开了中国利用外资发展出口加工业的序幕。
>
> 1979年，中共中央和国务院正式批准广东、福建两省在深圳、珠海、汕头、厦门试办经济特区，从此迈出了中国向开放型经济前进的第一步。

1984年，邓小平在南方考察时对特区予以肯定，同时中国开放14个沿海城市，对外开放格局初步形成。

1994年1月11日，国务院做出《关于进一步深化对外贸易体制改革的决定》，提出中国对外贸易体制改革的目标是：统一政策、开放经营、平等竞争、自负盈亏、工贸结合、推行代理制，建立适应国际经济通行规则的运行机制。

2001年11月，历经15年的艰苦努力，中国成为世界贸易组织新成员，这是具有历史意义的突破，中国对外开放进入一个全新阶段。

加入世贸组织以来，中国对外投资快速发展，投资额已由2002年的27亿美元上升到2007年的265亿美元，投资目的地覆盖170多个国家和地区，投资方式也向跨国并购、参股、境外上市等国际通行方式迈进，投资领域包括资源、电讯和石油化工等行业。

2007年4月，第101届广交会由"中国出口商品交易会"正式更名为"中国进出口商品交易会"，以此为标志，中国多年来的以出口为导向的外贸战略发生了根本性改变。

2008年1月1日开始实行的新《企业所得税法》和2007年12月1日开始实行的新《外商投资产业指导目录》，取消了外商投资企业的超国民待遇，意味着利用外资方向的重大调整。

2008年2月，中国铝业公司联合美国铝业公司，获得力拓英国上市公司12%的现有股份，交易总对价约140.5亿美元，成为中国企业历史上规模最大的一笔海外投资。

利用外资的增加，直接带动了我国对外贸易的快速增长。国家统计局数据表明，2007年，中国对外贸易总额21 738亿美元，是1978年206亿美元的105倍。进出口贸易总额占国内生产总值的比重由1978年的9.7%提高到2007年的66.8%，外贸对经济增长的贡献不断增强。

（三）对外开放的巨大成就

1978年以来，中国以全方位、宽领域、多层次的对外开放战略，在扩大对外贸易、吸引外商投资和对外直接投资方面都取得了重大发展，逐步形成了一个开放型的经济大国。

1. 贸易规模不断扩大，贸易结构逐步改善

从1978年到2007年，中国货物进出口总额由206.4亿美元增长到21 738亿美元，贸易规模扩大了105倍，年均增长18%，占全球的比重从不足1%上升到8%左右。其中，自1978年以来，出口规模扩大125倍，进口规模扩大88倍。自2001年以来，贸易顺差扩大10倍，2007年达2 622亿美元。与此同时，中国的外汇储备水平迅速增长，

2001年以来也增长10倍左右，2007年年末高达15 282亿美元。从出口结构上看，2007年中国一般贸易出口5 386亿美元，比2006年增长29.4%，占货物出口总额的44.2%，总体比重略有上升；机电产品出口额为7 012亿美元，比2006年增长27.6%，占货物出口总额的57.6%，其中高新技术产品出口占了一半左右。另外，我国服务贸易也取得了巨大发展，从1982年的43.4亿美元增长到2005年的1 582亿美元，增长逾35倍，约为全球平均水平的两倍，占全球服务贸易的比重从0.6%增长到3.3%。

2. 投资环境不断改善，外资规模与结构协调发展

改革开放30年来，中国的发展为国际资本提供了广阔市场。截至2008年3月底，中国累计批准设立外商投资企业639 247家，累计实际使用外资7 941亿美元。截至2006年年底，世界500强跨国公司中有480多家已来华投资或设立机构，跨国公司以各种形式在华设立的研发中心超过980家。特别是在近十多年来全球FDI流量出现跌宕起伏变化期间，中国由于稳定发展的经济形势以及日趋完善的投资环境，对国际资本一直表现出较强的吸引力，自20世纪90年代以来总体呈直线上升的态势。从1991年到2007年，中国FDI流量增长了16倍，年均增长19.5%，FDI流量连续15年居发展中国家首位，FDI存量占全球FDI的比重从1991年的1.3%上升到2007年的5.7%。近两年来，由于发展中国家吸引FDI的竞争日趋激烈，以及国内根据科学发展观要求对外资政策所作的主动调整，从2006年开始，我国FDI流量略有下滑。专家研究显示，我国利用外资正进入了一个新阶段，对外资的需求开始从以数量为主转向以质量为主，资金流动从以流入为主转向流入和流出双向并重，吸收外资的方式从以新设企业为主转向新设和并购两种方式并重。

3. 对外直接投资快速增长

2002年以来，中国不断完善境外投资促进和服务体系，积极推进对外投资便利化进程，鼓励和支持有比较优势的各种所有制企业"走出去"，对外投资进入快速发展期，取得初步成效。截至2006年年底，我国5000多家境内投资主体在全球172个国家和地区设立境外企业3万余家。我国企业对外投资已从建点、开办"窗口"等简单方式发展到投资建厂、收购兼并、股权置换、境外上市和建立战略合作联盟等国际通行的跨国投资方式。2003—2007年，中国对外直接投资（非金融部分）年均增长54%，2007年达到187.2亿美元，比2006年增长6.2%，是2002年的近7倍。2007年年末，我国对外直接投资存量达到937.4亿美元，是2002年年末的4倍，净增700多亿美元。不过与世界对外投资领先国家相比，中国目前对外投资流量和存量规模都还很小，仅占世界总量的1%上下，中国要成为对外直接投资大国，任重而道远。

改革开放30多年的实践证明，实行对外开放，充分利用国际国内两个市场、两种

资源，有利于推动我国经济社会发展，促进我国科技进步和创新，提高我国国际竞争力和影响力，为我国发展营造有利的国际环境，是推进我国社会主义现代化建设的必由之路。党的十七大报告强调了坚持对外开放基本国策的立场，并提出，要扩大开放领域，优化开放结构，提高开放质量。同时也明确了我国应对下一波经济全球化浪潮的基本战略，即统筹国内发展和对外开放，完善内外联动、互利共赢、安全高效的开放型经济体系，形成经济全球化条件下参与国际经济合作和竞争的新优势，实现经济在扩大开放条件下的又好又快发展，使中国逐步由开放型经济大国提升为开放型经济强国。

 探究实践

1. 2007年开始的美国次贷危机引发的国际金融危机由美国向其他国家蔓延，给世界各国经济社会和人民生活水平带来严重影响：全球股市大跌不止，各国中央银行救市如救火；中国出口受阻，部分中小企业倒闭，工人失业；伦敦零售业陷入低迷，销售大多下滑；金融危机使冰岛濒临破产。

（1）危机源自美国，却改变世界，这种现象反映了当今国际局势正在发生怎样深刻的变化？

（2）美国经济增长的衰退，国内的消费率下降，直接减少了对中国出口产品的需求，这对我们是个大问题。在对外开放过程中我们应该怎么做？

2. "引进来"和"走出去"是对外开放相辅相成缺一不可的两个方面。"引进来"，通过优化进口结构，着重引进先进技术和关键设备，吸引外商直接投资，引进海外各类专业人才和智力，有利于加快我国的经济发展，也有利于更好的"走出去"；"走出去"，鼓励和支持有比较优势的各种所有制企业对外投资，带动商品和劳务出口，形成一批有实力的跨国企业和著名品牌，有利于适应经济全球化和加入世贸组织的新形势，在更大范围、更广领域和更高层次上参与国际经济技术合作和竞争，充分利用国际国内两个市场，优化资源配置，拓宽发展空间，促进经济发展。在"引进来"的同时，努力在"走出去"方面取得明显进展，有利于全面提高我国的对外开放水平，把对外开放推向新阶段。

"走出去"和"引进来"是我国对外开放政策相辅相成的两个方面，缺一不可。以前我们主要以"引进来"为主，现在我国经济发展水平和综合国力大为提高，具备了"走出去"的条件。我国为什么要实施"走出去"战略？

专题十四

关注国际社会,维护国家利益

学习目标 XUEXI MUBIAO

1. **知识目标**
   - 正确认识和掌握国际形势的发展、特点、维护国家利益的途径。
2. **能力目标**
   - 能联系时事分析当今时代的发展特点与维护国家利益的关系。
3. **价值目标**
   - 正确认识个人利益和国家利益的关系,珍惜现在来之不易的和平环境,努力学习,以实际行动维护国家利益,为将来报效祖国打下基础。

学习重点 XUEXI ZHONGDIAN

- 维护国家利益的途径。

学习难点 XUEXI NANDIAN

- 国际形势的发展特点与维护国家利益的关系。

新课导入

由中央电视台和凤凰卫视联合制作的《走进非洲》节目,有一集播到了非洲的一个小国家——马拉维。当随行翻译问当地的政府官员"是否了解中国"时,他们的回答是令人惊讶的——"不知道"!随后翻译又问体育部部长"是否知道2008年奥运会的举办国"时,那个人竟回答"我想我们部里有资料记载,让我查阅一下便知道了"。虽然片中说到马拉维迄今还未与中国正式建立外交关系,但是在今天这个

信息技术突飞猛进的时代,有哪一个国家还不知道这个世界上最大的发展中国家——中国!

对于青少年来说,我们可不能像马拉维一样生活在当今世界。我们应该以学习为己任,努力抓住每一个良好的机会,认真研究知识所透出的信息,这是不容忽视的。

一、国际形势的发展及特点

(一)和平与发展是当今时代的主题

和平与发展是当今时代的主题,这是世界各种矛盾发展变化和世界抑制战争因素不断增长的合力作用的结果。从和平趋势的内在需求看,两次世界大战的浩劫给人类留下深重的灾难和沉痛的教训,世界各国人民对和平的追求都十分强烈;和平和发展成为世界的潮流,民心所向,对霸权主义和世界大战形成越来越大的遏制力量;世界经济的发展加深了各国利益的相互交织和相互依赖,冷战结束后,多极化进程使世界各种主要力量彼此制衡,对霸权主义战争政策的牵制力量在增强,这成为制约战争的一个重要因素;核武器等毁灭世界的战争工具形成的"恐怖平衡",也成为制约战争的一个重要因素;广大发展中国家力量的发展,尤其是中国的发展壮大,对世界和平与发展起着不可低估的作用,通过和平方式解决国际争端越来越受到国际社会的重视。生存与发展是广大发展中国家的首要任务,继续发展和保持优势则是发达国家面临的问题,对内图稳,对外思和,是多数国家的政策取向,对抑制战争起到了积极作用。

世界相对和平的新历史条件,为各国尤其是广大发展中国家带来了难得的发展机遇。发展问题之所以带有战略性和全局性,是因为它不仅与第三世界各国人民的进步事业,同时也与全人类社会的文明进步紧密相连。发展不仅是每个民族、每个国家繁荣昌盛的基础,也是人类文明迈向更高阶段的基础。没有全人类协调、平衡、坚实的经济和社会发展,就没有持久的世界和平与稳定,已经实现的和平与稳定也难以巩固。邓小平强调,应当把发展问题提到全人类的高度来认识,要从这个高度去观察问题和解决问题。只有这样,才会明白发展问题既是发展中国家自己的责任,也是发达国家的责任。在和平稳定中谋求发展,是当今世界的头等大事。谋求发展,不仅成为各国关注的核心,也成为一种现实可能。日新月异的科学技术成为推动人类发展变化的最重要力量。

（二）世界多极化在曲折中发展

世界多极化是指在一定时期内对国际关系有突出影响的国家和国家集团相互作用而趋向于形成多极格局的一种发展趋势，是对主要政治力量在全球实力分布状态的一种反映。

世界格局多极化是国际关系发展的必然结果，是不以人的意志为转移的客观趋势。第二次世界大战后世界格局的演变，经历了从两大阵营对立到美苏两个超级大国争霸全球，再到两极格局终结、世界走向多极化的曲折发展过程。"二战"后形成的以雅尔塔体系为基础的两极格局，结束了资本主义大国主宰世界和国际格局以欧洲为中心的历史。20世纪50年代，以美国为首的资本主义阵营和以苏联为首的社会主义阵营，在政治上尖锐对立、在军事上全面对峙、在经济上封锁与反封锁、在意识形态上演变与反演变。20世纪60年代后，苏联对外政策中的大国主义朝着霸权主义方向加速蜕变，中苏关系破裂，社会主义阵营逐渐瓦解。随后，美苏两个超级大国全球争霸取代了两个阵营的对立。随着一些国家经济政治力量的兴起并迅速上升为对全球具有重大影响的新的战略力量，两极格局受到了冲击和削弱。国际舞台出现了大动荡、大分化和大改组的局面，世界格局逐步向多极化方向发展。

20世纪80年代末90年代初，东欧剧变、苏联解体，标志着存在40多年的两极格局的终结。冷战结束以来，世界各种力量此消彼长。虽然世界力量对比严重失衡，但是世界格局走向多极化的趋势越来越清晰。一个超级大国和多种力量并存，是多极化格局最终形成前的较长过渡时期内世界力量对比的基本态势。

美国是当今世界唯一的超级大国，拥有世界最强的经济和军事实力，是各极力量中最强大的一极。欧盟是当今世界上规模最大、一体化程度最高的地区经济集团，具有雄厚的经济、科技和军事实力。欧盟在实力不断壮大的同时，自主意识也在增长。它正设法排除欧洲各国在政治、经济、外交、防务等问题上的分歧，以"欧洲人的欧洲"为号召，加速政治、经济、军事一体化进程，谋求成为未来多极世界中"强有力的一极"。日本是世界经济大国，军事实力也在不断膨胀，并加速向世界政治大国迈进，在未来的国际战略格局中，是不容忽视的一极。俄罗斯是地跨欧亚大陆的传统大国，目前仍具有较强的综合国力，是多极化格局中重要的一员。

值得指出的是，一些地区性强国或国家集团，如印度、巴西、东盟等的崛起也十分引人注目，将成为对国际事务和地区局势发挥重要影响的力量。

中国经济持续快速发展，国力不断增强，坚持独立自主的和平外交政策，国际地位不断提高，在国际事务中发挥着越来越大的作用。中国反对一切形式的霸权主义和强权政治，已成为推动多极化发展的重要力量。中国主张以对话和合作精神处理国际关系，为构筑21世纪的新型国际关系做出了积极努力。中国致力于建立公正合理的国际政治经济新秩序,为人类的和平与福祉正在做出自己应有的贡献。

(三) 经济全球化趋势深入发展

世界格局演变的一个重要背景是经济全球化,经济全球化是指在现代科学技术进步加快、社会分工和国际分工不断深化的情况下,把世界的生产、贸易、金融等活动紧密联系在一起,使各国各地区之间的经济活动相互依存、相互开放。经济全球化趋势和世界多极化趋势相互关联、相互影响。马克思、恩格斯在《共产党宣言》中指出:资产阶级由于开拓了世界市场,使一切国家的生产和消费都成为世界性的了。20世纪80年代中期,邓小平也指出,现在的世界是开放的世界,任何国家的发展都离不开世界。由于全球商品经济的发展,经济活动把世界连成一体。20世纪90年代以来,随着冷战的结束,世贸组织的建立,信息技术的发展,加快了经济全球化发展的趋势。

经济全球化的主要特征是生产、交换、分配、消费的全球化。科技革命和生产力的发展是经济全球化的根本动力。世界经济生活日益国际化,各国之间的相互交流、相互依存日益加深。世界经济活动的规模不断扩大、速度不断加快,跨国经济联系日益紧密。经济全球化使各种生产要素在全球范围内得到优化组合和资源优化配置,从而促进全球经济的迅速发展。图5-2就是经济全球化的一个例证。但经济全球化是一把"双刃剑",它在推动全球生产力大发展、加速世界经济增长的同时,也带来一些负面影响,增多了各国和全球共同面临的社会经济问题,加剧了国际竞争,增加了国际风险,并对国家主权和发展中国家的民族工业造成了严重冲击。经济全球化是在国际经济秩序仍存在不公正不合理因素的情况下发生和发展的,西方发达国家主导经济全球化。对发展中国家来说,经济全球化是一个难得的历史机遇,也是一个巨大的挑战。西方发达国家虽是经济全球化的主要受益者,但也面临其带来的一系列新的社会经济问题的挑战。

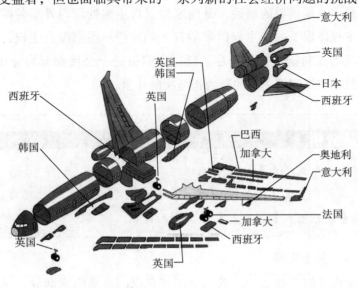

图5-2 某型机生产网络——经济全球化的一个例证

二、维护国家利益

（一）维护国家统一和民族团结

1. 维护国家统一和民族团结的意义

回顾我国的历史，从鸦片战争以后，中国沦为半殖民地半封建国家，从此，国无宁日，民不聊生。中国人民在以毛泽东为核心的中国共产党领导下，经过数十年艰苦卓绝的斗争，推翻三座大山，建立了社会主义的新中国，像巨人般屹立在世界东方。中国经过改革开放，发展经济，实现了民族振兴，国家富强，人民幸福。

1997年7月1日，香港结束了百年耻辱回到祖国怀抱。1999年，澳门也本着"一国两制"的原则回归祖国。

历史的经验告诉我们，国家的统一，民族的团结，是我们顺利进行现代化建设的基本保证，也是实现公民的政治权利和自由的基本保证。可见国家统一、民族团结是中华民族的最高利益，也是各族人民的共同愿望。它关系到国家兴衰、民族的兴亡，所以每个公民都要把自觉维护国家统一和民族团结视为自己的神圣职责和义务。

2. 公民应如何履行维护国家统一和民族团结的义务

（1）捍卫国家主权不受侵犯。

国家主权是国家最重要的属性，是国家独立自主地处理内外事务的基本权利。在国际上，国家主权体现了一个主权国家的自主和尊严。国家没有主权，本国公民就没有人权。一切政治权利就会丧失殆尽。所以我们每一个公民都要自觉维护国家主权。同出卖国家主权和有损国家主权的行为作坚决的斗争。

问题分析

是主权高于人权还是人权高于主权？

人权，说到底主要是人的生存权，生存权总要以一定的时空为依托，这一依托就是国家，任何人都不可能离开国家而存在。所以，主权应高于人权。

（2）捍卫国家领土完整。

领土是国家构成的要素之一，领土是国家主权的重要组成部分。捍卫国家领土完整，就要坚持反对一切侵略、占领和割让、出卖国家领土的行为。

> **问题分析**
>
> 在实行对外开放的过程中，有些省市将部分土地租给外商，租期50年不变，这是否有损于国家主权和领土完整？为什么？
>
> 应该说这种做法不会损害我们国家主权和领土完整。其一，我们出租部分土地给外商，外商获得的只是土地的使用权，而土地的所有权仍掌握在我们国家手中。其二，我们通过出租部分土地，可获得一大笔资金，用于我们的建设，从而加速我们的发展，使我们国家更快地富强起来。

（3）捍卫国家政权及其统一。

在国际舞台上，政权是一个国家的象征，是一个国家国格的体现和保证，公民必须捍卫国家政权的统一。

（4）坚持民族平等和民族团结，反对民族歧视和民族分裂。

（二）维护国家安全、荣誉和利益

我国宪法第54条规定："中华人民共和国公民有维护祖国的安全、荣誉和利益的义务，不得有危害祖国的安全、荣誉和利益的行为。"

维护国家的安全、荣誉和利益是爱国主义的体现，是每个公民的神圣职责。

1. 公民维护国家的安全

（1）严守国家机密。

国家机密不仅仅是军事和政治方面的机密，随着国际斗争的复杂化，经济和科技方面的机密也决不可忽视。如我国景泰蓝生产的工艺、云南自然保护区中蝴蝶的珍奇品种、生产乌龙茶的土壤成分等都曾被国外窃取，给国家造成严重损失。

（2）配合国家安全机关的工作。

（3）发现危害国家安全的行为，应及时向国有安全部门或公安机关举报。

2. 公民维护国家的荣誉

（1）增强民族自豪感。

（2）增强民族的自尊心。

（3）增强民族的自信心。

3. 公民维护国家利益

（1）努力维护国家安全、社会稳定的政治局面。

（2）必须同一切损害国家利益的现象进行斗争。

知识链接

有的人或企业只顾个人或小团体的私利,对国家资源进行破坏性地开采,导致国家资源的浪费和破坏。一些小造纸厂、小化肥厂,只求本企业的经济效益,不顾社会效益,生产的发展造成环境的污染。为防止这些公害的发生,国家三令五申要关掉这些造成环境污染的小企业。有的企业或个人在与外商谈判的过程中,盲目引进,甚至为了个人私利,不惜损害国家的利益。这些都要坚决打击。

小 结 XIAOJIE

维护国家利益是我们每个公民的神圣职责和光荣义务,也是爱国主义的具体表现。维护国家利益,就要自觉履行维护祖国统一和民族团结的义务,自觉履行维护祖国安全、荣誉和利益的义务。我们要努力增强法律意识,把国家利益牢记在心,努力把维护国家利益的观念具体体现在维护国家利益的实际行动当中,使自己成为社会主义祖国的积极建设者和勇敢保卫者。

探究实践

1. 当今国际形势的发展呈现出哪些特点?
2. 为什么说和平与发展是当今时代的主题?
3. 我们应该以什么样的切实行动来维护国家利益?

参 考 文 献

[1] 蒋璟萍. 现代礼仪 [M]. 北京：清华大学出版社，2009.
[2] 金正昆. 社交礼仪教程 [M]. 北京：中国人民大学出版社，2009.
[3] 敬蓉. 人际交往与社交礼仪 [M]. 北京：人民邮电出版社，2012.
[4] 张庆国，刘连武. 人际沟通与社交礼仪 [M]. 北京：石油工业出版社，2002.
[5] 金萍，吕燕. 中职生职业礼仪教程 [M]. 北京：中国财政经济出版社，2007.
[6] 向多佳. 职业礼仪 [M]. 重庆：四川大学出版社，2006.
[7] 张汉林. 现代礼仪 [M]. 北京：立信会计出版社，2008.
[8] 金萍，吕燕. 中职生职业礼仪教程 [M]. 北京：中国财政经济出版社，2007.
[9] 张雷声. 马克思主义政治经济学原理（第2版）[M]. 北京：中国人民大学出版社，2009.
[10] 刘诗白. 马克思主义政治经济学原理（第4版）[M]. 成都：西南财经大学出版社，2011.
[11] 蒋学模. 政治经济学（第13版）[M]. 上海：上海人民出版社，2006.
[12] 胡美玲. 思想品德 [M]. 北京：人民教育出版社，2006.
[13] 课程教材研究所，思想政治课程教材研究开发中心. 职业道德与法律 [M]. 北京：人民出版社，2009.

参考文献